**Vom Deutschen Rock'n'Roll-Verband
als Lehrbuch empfohlen**

Wolfgang Steuer und Gerhard Marz

# So tanzt man
# Rock'n'Roll

## Grundschritte · Figuren · Akrobatik

Titelbild: Gabi Roider und Johann Ratberger

Recht herzlich bedanken möchten wir uns bei den Rock 'n' Roll-Tänzerinnen und -Tänzern, die sich für die Aufnahmen zur Verfügung gestellt haben. Es tanzen für Sie: Gabi Roider und Johann Ratberger, München, dreifache Deutsche und zweifache Weltmeister der Rock 'n' Roll-Profis
sowie
Beate Keller und Stefan Bachmaier, München, Deutsche Meister und Vizeeuropameister der Rock 'n' Roll-Amateure.
Außerdem Ulla Thiele und Gerhard Marz, beide Speyer, sowie Wolfgang Steuer, München.

Die Ratschläge in diesem Buch sind von Autor und Verlag sorgfältig erwogen und geprüft, dennoch kann eine Garantie nicht übernommen werden. Eine Haftung des Autors bzw. des Verlages und seiner Beauftragten für Personen-, Sach- und Vermögensschäden ist ausgeschlossen.

CIP-Kurztitelaufnahme der Deutschen Bibliothek

**Steuer, Wolfgang:**
So tanzt man Rock 'n' Roll: Grundschritte; Figuren; Akrobatik/Wolfgang Steuer u. Gerhard Marz. – Niedernhausen/Ts.: Falken-Verlag, 1981. (Falken-Bücherei)
ISBN 3-8068-0573-3
NE: Marz, Gerhard:

ISBN 3 8068 0573 3

© 1981 by Falken-Verlag GmbH, 6272 Niedernhausen/Ts.
Fotos: Foto-Fink, München; Peter Hartmann, München
Titelbild: Foto Richter, Bernau/Chiemsee; Foto-Czech, Stuttgart
Zeichnungen: Gabi Grübl, Hofheim
Gesamtherstellung: H. G. Gachet & Co., 6070 Langen

817  2635  4453  62

# Inhalt

Zum Geleit: Der Weg zum neuen Rock 'n' Roll 8
Einleitung 10
Geschichte des Rock 'n' Roll 12

## Hobby-Rock 'n' Roll 18

Allgemeine Grundkenntnisse 18
  Praktische Hinweise 19
    Tanzhaltungen 19 · Positionen 21 · Führung 23 · Kleidung 23
Grundtechnik 24
  6er-Grundschritt (Double-Time) 26
  9er-Grundschritt (Sprungschritt) 28
Einfache Tanzfiguren 31
  Promenade (Schulterfasser) 32
  Platzwechsel 34
  Solodrehungen am Platz (American Spin) 40
  Flirt 48 · Brezel 50 · Windmill 52
Schwierigere Tanzfiguren 54
  Toe Heel 54 · Sprinter 58 · Tausendfüßler 60
  La Bamba 62 · Schiebetür 64
Halbakrobatik 72
  Gymnastische Vorbereitung 73
    Beispiele für Übungen 74
Halbakrobatische Figuren 78
  Lasso 78 · Hocke (Po-Lasso) 80 · Kniesitz 84 · Durchziehen 88
  Hüftsitz 90 · Grätsche (Grätschsitz) 94
Akrobatik 96
  München 98 · Sagi 102 · Normaler Überschlag 104
  Knieüberschlag 106 · Überschlag Rücken an Rücken 108
Aufbau von Tanzfolgen 110
  Für den Anfänger 111 · Für den Fortgeschrittenen 111
  Mit Akrobatik 112

## Turnier-Rock 'n' Roll 113

Grundtechnik 114
  Definition des Sprungschrittes 115
  9er-Grundschritt 119
  Französischer Grundschritt (Doppelkickgrundschritt) 128
  Schweizer Grundschritt 134
  Pendelgrundschritt 137 · Tapgrundschritt 139
Anwendung der Grundschrittechniken 142
Tanzfiguren 143
  Tunnel (Großer Wickler) 146
  Kasatschok 152 · Kreuzchassé 160
  Seitsprung (auch Pasing genannt) 166
Halbakrobatische Figuren 170
  Tote Frau/Toter Mann 170 · Teller 176
  Winterthur 179 · Kombinationen 182
Akrobatik 183
  Kehre 184 · Wickler 188
  Todessprung 192 · Todeswurf 194 · Todessturz 195
  Forelle 197 · Kugel (Schulterkugel) 200 · Dulaine 206
Aufbau eines Rock 'n' Roll-Tanzes 209
  Turnierwesen 209
  Turnierfolge (Schritt- und Figurenverbindung) 212
Anhang 215
  Fachwörterverzeichnis 215
  Schallplatten 219
  Literaturnachweis 221

# Abkürzungen

ADTV   Allgemeiner Deutscher
       Tanzlehrer-Verband
A      Arm
B      Bein
DRRV   Deutscher
       Rock 'n' Roll-Verband
ERRA   European
       Rock 'n' Roll-Association
F      Fuß
H      Hand
L      Links
LA     Linker Arm
LB     Linkes Bein
LD     Linksdrehung
LF     Linker Fuß
LH     Linke Hand
R      Rechts
RA     Rechter Arm
RB     Rechtes Bein
RD     Rechtsdrehung
RF     Rechter Fuß
RH     Rechte Hand
rw     rückwärts
sw     seitwärts
vw     vorwärts
+      Wird »und« gesprochen und bedeutet 1/2 Schlag ≙ hier 1/8 Notenwert. Im Rock 'n' Roll hat es sich eingebürgert, dieses Zeichen auch für die Zählweise von Grundschritten und Tanzfiguren zu verwenden (siehe auch »Turnier-Rock 'n' Roll«, Kapitel 9er-Grundschritt).

Die im Kreis stehenden Zahlen verweisen auf die entsprechend numerierten Bilder. Diese zeigen dann die in den Tabellen angegebenen Schritte oder Positionen.

# Zum Geleit:
# Der Weg zum neuen
# Rock 'n' Roll

Der Rock 'n' Roll ist nicht nur in Musik und Rhythmus einer der stürmischsten Tänze, sondern auch in seiner Entwicklung – für ihn allein hat sich die junge Generation eine eigene Organisation geschaffen. Einst als zu wild abgelehnt – auch von jenen, die ihn heute gern als Zugpferd bei der Jugend für sich vereinnahmen möchten – hat er sich schließlich selbständig gemacht.

Das gelang ihm freilich nur, weil die bei seiner Ausbreitung führenden Kräfte sowohl den Tanz wie die für den Wettbewerb erforderliche Organisation ebenso zügig wie maßvoll entwickelt haben.

Sie beließen dem Tanz, was des Tanzes ist, und verhinderten, daß bei seiner akrobatischen Steigerung das Spielerisch-Tänzerische verloren ging. Außerdem bewahrten sie den Ausbau in Klubs und Verbänden vor Ehrgeizlingen und unfairer Scheinsportlichkeit.

Die Verfasser dieses Buches haben die tänzerische Choreographie und die Wettkampfregeln für den modernen Rock 'n' Roll mit entwickelt. Der Münchener Tanzlehrer Wolfgang Steuer, Mitglied des Allgemeinen Deutschen Tanzlehrerverbandes (ADTV), zählt zu den Fachlehrern der ersten Stunde. Er hat vor allem dafür Sorge getragen, daß die von den Professionals gemeinsam mit den ersten Rock 'n' Roll-Amateuren entwickelten neuen Figuren – bei Abgrenzung der Rock 'n' Roll-Grund- und Akrobatikformen – schnell Allgemeingut wurden. Denn ihm ist es durch die Berufung als Fachlehrer zu Tanzkongressen in aller Welt zu verdanken, daß Tanzschulen überall den neuen Rock 'n' Roll aufnahmen und weiterverbreiteten. Allein in Europa hat er bei vier Internationalen Tanzlehrerkongressen (»Intako«) und zwei Weltkongressen in Blackpool als Unterrichtender mit von ihm trainierten Weltspitzenpaaren für den Rock 'n' Roll geworben.

Wen also hätte der auf über hundert Klubs angewachsene Deutsche Rock 'n' Roll-Verband (DRRV), nach seinem Gründer René Sagarra, wohl besser zum Präsidenten wählen können als Wolfgang Steuer. Daß er dann auch Präsident der European Rock 'n' Roll-Association (ERRA) wurde, spricht nur dafür, daß seine Leistungen für die Verbreitung des immer beliebter werdenden Wettbewerbstanzes auch international anerkannt werden.

Während es zu den Hauptverdiensten Wolfgang Steuers zählt, ein praxisbezogenes Unterrichtssystem für die Tanzschulen erarbeitet und verbreitet zu haben, hat Gerhard Marz die Trainings-Systematik vor allem für den gesprungenen Rock 'n' Roll verbessert.

Er, der ursprünglich »nur aus Vergnügen« Rock 'n' Roll tanzen wollte, verband die Bewegungsgesetze des Standard- und Lateintänzers mit denen des aktiven Leichtathleten. Ein Dreivierteljahr nachdem er mit Rock 'n' Roll begonnen hatte, gewann er in der B-Klasse mit seiner Partnerin Ulla Thiele (Speyer) die Internationale Deutsche Meisterschaft.

Zum Spaß an der Tanzfreude kam für Gerhard Marz der Ehrgeiz, neue Methoden zu finden und als Trainer weiterzugeben. So führte er unter anderen neuen Techniken die »Kreuzchassés« und den »Tapgrundschritt« ein. Wenn man heute von einem »neuen Rock 'n' Roll« spricht, so hat Gerhard Marz zweifellos einen nicht geringen Anteil daran. Inzwischen hat er sein Hobby zu einem zweiten Beruf gemacht und hat sich zum Tanzlehrer ausbilden lassen.

Dieses Rock 'n' Roll-Buch beschreibt nicht nur einfach Vorhandenes, sondern zeigt durch die Kenntnis der Schöpfer des neuen Rock 'n' Roll den Weg zum modernen Wettbewerbstanz auf.

Hans-Georg Schnitzer
Herausgeber der »tanz-Illustrierte«

# Einleitung

Der Rock 'n' Roll erfreut sich seit den 50er Jahren einer sehr großen Beliebtheit. Die schwungvolle Musik, der temperamentvolle Tanz und die – nicht ungefährliche – Akrobatik begeistern immer wieder Tänzer und Zuschauer. Wir haben uns mit diesem Buch die Aufgabe gestellt, das breite Spektrum vom Party-Rock 'n' Roll bis zum Vergleichskampf darzustellen. Obwohl wir systematisch vom Anfänger bis zum Turniertanz aufbauen, erheben wir nicht den Anspruch, ein vollständiges Tanzlehrbuch geschrieben zu haben. Für den, der Rock 'n' Roll tanzen lernen möchte, stellt dieses Buch eine Skala dar, in die er sich selbst einordnen kann. Zusätzlich empfiehlt sich, um entsprechend vorwärtszukommen, die Anleitung durch einen entsprechend ausgebildeten Lehrer, zum Beispiel in einer ADTV-Tanzschule oder einem DRRV-Rock 'n' Roll-Club. Da Wolfgang Steuer seit 1976 auf allen Fachtagungen dieses Programm vor Tanzlehrern gezeigt und unterrichtet hat, wird sicherlich in allen Tanzschulen die gleiche Grundtechnik unterrichtet, mit einigen Abweichungen sicher auch die im Buch beschriebenen Figuren. Aber auch ein absoluter Tanzlaie, zum Beispiel ein Rock 'n' Roll-Zuschauer, kann sich ein Bild machen, wie man sich vom Anfänger zum Turniertänzer entwickeln kann. Es ist zu empfehlen, dieses Buch der Reihe nach durchzuarbeiten.

Das Kapitel Geschichte zeigt zunächst die vielfältigen Einflüsse auf die Musik und den Tanz auf. Auf eine chronologische Auflistung von Songs, Interpreten, Biographien und Filmen wurde bewußt verzichtet. Für die 50er Jahre beschränkt man sich nur auf die amerikanische Rock 'n' Roll-Szene, da sich in Europa diese nur zeitversetzt und mit kleinen unwichtigen Änderungen abspielte. Die anschließende Aufteilung in Hobby- und Turnier-Rock 'n' Roll zeigt die beiden Ebenen, auf denen Rock 'n' Roll getanzt wird: Einerseits als Hobbytanz, der in einem gewissen Entwicklungsstadium den Urcharakter der 50er Jahre beibehalten hat, als das Tanzen auf Parties, das Erfinden neuer Schritte und Figuren oder – kurz gesagt – das Experimentieren das Wichtigste war. Andererseits der Rock 'n' Roll als Turniertanz. Hier kann man mit Recht von einem Hochleistungssport sprechen, der sich einer strengen Reglementierung unterziehen muß, da von Menschen über die Bewertung entschieden wird. Die beiden Hauptkapitel zeigen jeweils Grundtechnik, Tanzfiguren sowie Akrobatikfiguren und den dazugehörigen Aufbau.

Zum Konditionstraining und zur Gymnastik wird nur eine kurze Einführung vor der Halbakrobatik gegeben, da es dazu gute Lehrbücher und umfassende Werke von Experten gibt.

Wir glauben, mit den dargestellten Grundtechniken und Figuren den Charakter des Rock 'n' Roll beschrieben zu haben. Dieses Buch soll Laien und Fortgeschrittenen weitere Anregungen geben und die Freude am Rock 'n' Roll-Tanzen steigern.

Wolfgang Steuer                                    Gerhard Marz

# Geschichte
# des Rock 'n' Roll

Die Geschichte des Rock 'n' Roll läßt sich genausowenig wie die anderer vergleichbarer Epochen in einen festen Zeitrahmen zwängen. Der besondere Grund hierfür liegt im Ursprung des Rock 'n' Roll, der sich aus drei großen Musikrichtungen entwickelte. 1. dem Jazz, der den Shuffle-Rhythmus brachte, 2. dem Country & Western-Stil, der nur von Weißen gespielt wurde, 3. dem Rhythm & Blues, der ein Privileg der Farbigen aus den Südstaaten war. Die Rassentrennung verhinderte eine ganze Zeitlang die gegenseitige Einflußnahme dieser verschiedenen Stilrichtungen – zumindest offiziell. Keine »weiße« Radiostation war bereit, die Platte eines Farbigen aufzulegen. Auch die Art des Tanzes zeigte diese scharfe Trennung.

Für die Weißen war (und ist?) Tanzmusik Hintergrundmusik, um sich kennenzulernen und körperlich zu berühren; und das immer nur paarweise. Die Farbigen (auch in Afrika und Asien) haben keine Tanzpartner, sondern die Musik als Dialogpartner. Der farbige Tänzer antwortet mit seinen Bewegungen den Fragen der Musik. Musik und menschliche Bewegung sind gleichberechtigt. Zwischen konzertantem Jazz und sanftmütigen Balladen war noch Platz für eine Musik, die zum Tanzen animierte. 1952 wurde auf eine Ray-Anthony-Platte ein Tanz mit dem Namen »Bunny Hop« choreographiert und bekannt. Bei diesem Tanz wurde von den Weißen so manches der herkömmlichen Tanzformen über Bord geworfen. Als erstes tanzte man nicht mehr paarweise, sondern in einer langen Kette hintereinander, wobei jeder seinem »Vordermann« beide Hände auf Schultern, Taille oder Hüften legte. Die zweite Änderung war das Hüpfen (englisch Hop) auf beiden Beinen, das sich von dem ursprünglichen flachen Tanzstil unterschied. In der Zeit nach dem zweiten Weltkrieg sorgten Gesangstars wie Perry Como, Frank Sinatra und andere für eine sehr beruhigende und ausgeglichene Wirkung. In dieser Atmosphäre fühlten sich zwar die Erwachsenen wohl, nicht aber die Jugendlichen, die bald nach einem Ventil für ihre Frustrationen suchten.

Obwohl die Rassentrennung die überregionale Bekanntheit der Musik der Farbigen immer noch verhinderte, kam im Frühjahr 1954 die Platte »SH-BOOM« von den Chords auf den Markt. Historiker bezeichnen diese Platte als den ersten Rock 'n' Roll-Hit. Eine heisere und eindringliche Stimme, ein Backgroundchor mit dem typischen »Doo-Woop« sowie der mitreißende Shuffle-Rhythmus reizten zum Mittanzen. Gerade diese Platte mußte sich aber auch eine heftige Kritik der älteren Generation gefallen lassen. Diese Kritik war der Anfang einer Kampagne, die große Änderungen in Gesellschaft und Musik für die Farbigen in Amerika zur Folge hatte.

Rhythm & Blues-Plattenproduzenten suchten Anfang 1955 nur noch Gruppen und Sänger, die auch tanzen konnten. Es entwickelte sich eine Musik, die zwar gesungen wurde, aber als wichtigstes Element den Rhythmus hatte.

Rhythm & Blues waren oft das Einzige, was sich die Farbigen mit ihrem geringen Verdienst leisten konnten. Durch kleinere Konzerte und Schallplatten der schwarzen Musiker blieb der Rhythm & Blues trotz der strikten Ablehnung der Weißen immer am Leben. Im Laufe der Zeit wuchs das Interesse der Weißen an dieser Musik und in den Südstaaten begannen weiße Radiostationen die Musik der Schwarzen zu spielen, nicht zuletzt deshalb, weil sie damit auch die Schwarzen als ihre Hörer hinzugewannen. Der Rhythm & Blues hatte bereits im Gegensatz zum Blues die starke zusätzliche Betonung auf Taktschlag 2 und 4, gegenüber der normalen Betonung bei 1 und 3 des 4/4-Taktes. Die sonst strenge Akkordfolge (I, IV, V) wurde im Rhythm & Blues ständig geändert, aber die »rollende Acht-Ton-Konfiguration«, die typische Boogie-Woogie-Begleitung im Baß, blieb und sicherte den Zusammenhalt. Ebenso blieben die Sehnsucht und das Leiden in der Stimme der Sänger und die Tragik der Texte.

Die weißen Jugendlichen, die bisher nur sanfte Musik kannten, wurden durch diese aufregende und antreibende Musik zum Mitbewegen, also zum Tanz animiert. 1955 war Fats Domino einer der ersten, der sich auf dem weißen Markt behaupten konnte und ganz große Erfolge erzielte.

# Geschichte des Rock 'n' Roll

Großen Anteil daran, daß sich Rhythm & Blues auch bei den Weißen durchsetzte, hatte der Diskjockey Alan Freed aus Cleveland/Ohio, der bereits 1952 eine Veranstaltung mit ausschließlich farbigen Künstlern organisierte, bei der das Publikum zum größten Teil weiße Jugendliche waren. Freed, der früher streng gegen Rhythm & Blues war, war es auch, der den Manager seiner Radiostation überredete, ihn im Anschluß an sein klassisches Programm eine Rock 'n' Roll-Party machen zu lassen. Er behauptet, daß er damit begonnen habe, den Begriff Rock 'n' Roll zu benutzen. Zu dem Titel »Rock'-A-Beatin' Boogie« von den Treniers, den er als Erkennungsmelodie verwendete, schlug er im Rhythmus der Platte auf den Tisch und sang laut mit bei den Worten »Rock, Rock, Rock everybody – Roll, Roll, Roll everybody«. Diese Wortverbindung gab es allerdings schon vorher in der Bluessprache beziehungsweise im Slang der Farbigen als Bezeichnung für den Beischlaf. Eine Zeitlang wurde mit Rock 'n' Roll auch so alles umschrieben, was man sich unter Spaß, Ausgelassenheit, Tanzen, Feste feiern usw. vorstellen konnte.

Alan Freed wurde Ende der 50er Jahre ein Opfer der Kampagne gegen den Rock 'n' Roll. Als während einer von ihm organisierten Veranstaltung so manches zu Bruch ging, lastete man ihm Aufhetzung mit Hilfe des Rock 'n' Roll an. Als er dann auch noch wegen einer Bestechungsaffäre, in die er als Diskjockey verwickelt war, eine hohe Geldstrafe zahlen mußte, erholte er sich – wirtschaftlich stark geschwächt – nicht mehr.

Bereits Mitte der 50er Jahre merkte man, daß mit dem Rock 'n' Roll einiges Geld zu verdienen war. In dieser Zeit wurden spezielle Rock 'n' Roll-Filme gedreht, nur um die Musik populärer zu machen. Damals entstanden Filme wie »Rock around the clock«, in dem auch Alan Freed mitspielte; ebenso spielte er in »Rock, Rock, Rock« und »Don't knock the Rock«, in dem er sich selbst spielte. In den meisten Filmen war viel Tanz in allen Variationen zu sehen. Getanzt wurde paarweise oder einzeln, synchron oder jeder tanzte für sich. Und das Revolutionärste gegenüber dem Foxtrott oder dem Walzer war die Akrobatik. Weltliche und geistliche Institutionen versuchten durch Verbote das Interesse der Jugendlichen am Rock 'n' Roll zu brechen. So entstanden Situationen, wie sie in dem Film »Denn sie wissen nicht, was sie tun« (Rebel without a cause) mit James Dean dargestellt wurden.

Obwohl es Rock 'n' Roll eigentlich schon gab, kann man trotzdem den 12. April 1954, den Tag der Studioaufnahme des Titels »Rock around the clock«, als Geburtstag des Rock 'n' Roll bezeichnen. Mit dem gleichnamigen Film von Bill Haley, mit der Musik und dem Tanz dieses Films wurde der Rock 'n' Roll offiziell geboren.

»Rock around the clock« war der erste internationale Rock 'n' Roll-Hit. Mit dieser Platte beendete Bill Haley seine bisherige Country & Western-Zeit, indem er ein Stilgemisch aus Rhythm & Blues und Country & Western produzierte. Bill Haley war auch Wegbereiter für Elvis Presley, für den Memphis- und den Rockabilly-Stil.

Denn weder Bill Haley noch Fats Domino waren das, was sich die Jugend als ihr Idol ersehnte. Es wurde Zeit für Elvis Presley.

Elvis kam, sah und siegte!

Eine große Rolle spielten dabei seine Bewegungen auf der Bühne. Vor allen Dingen seine Hüftbewegungen, die ihm den Beinamen »The Pelvis« (das Becken) brachten. Die Erwachsenen waren über diese Bewegungen entrüstet und trieben die Anti-Rock 'n' Roll-Kampagne so weit, daß sie behaupteten, diese Musik sei kriminell. Als Gegengewicht zu der Rock 'n' Roll-Szene wurde etwas später in Amerika die Fernsehsendung »American Bandstand« produziert. Dick Clark, der Moderator dieser Sendung hatte das Image eines »großen Bruders« (Big Brother). Als Teenager fühlte er sich zu alt, als Vater zu jung. Diese Show, die bald überall imitiert wurde, wurde zum Inbegriff für eine Nation und hatte entscheidenden Einfluß auf Mode, Tänze, Musik usw. Die Sendung lief jeden Tag nach der Schule, die eingeladenen Gäste waren Schüler und durften nicht jünger als 14 aber auch nicht älter als 18 sein. Die Gäste dieser Sendung erschienen korrekt gekleidet, das heißt die Jungens mit Krawatte und Jacket und die Mädchen in nicht zu kurzen Röcken. In dieser Sendung wurden dem Publikum unzählige Tanzhits wie zum Beispiel Madison, Hully Gully, Twist, Walk, Circle, Fish, Philadelphia und Limbo gezeigt; und wurden anschließend in Illustrierten mit Schrittbeschreibungen und Bildern veröffentlicht sowie von lokalen Fernsehsendern wiederholt.

Von der Rebellion des Rock 'n' Roll war in »American Bandstand« nichts mehr zu spüren, da die Sendung nur gut angezogene Jugendliche mit entsprechendem Verhalten sowie einen von Jung und Alt akzeptierten Gastgeber zeigte. Als Rock 'n' Roll in den Radiostationen offiziell verboten wurde, man Rock 'n' Roll-Platten öffentlich vernichtete (so zum Beispiel ein Gebrauchtwagenhändler, der anbot, 50 Elvis-Platten zu zerbrechen, wenn jemand bei ihm ein Auto kaufte), wurde »At the Hop« von Dany and the Juniors die Nummer »eins« in den Top Ten. Als Reaktion auf die Angriffe brachten sie den Titel »Rock 'n' Roll is here to stay«, der sofort wieder ein Hit wurde.

In Persien und Ägypten wurde der Rock 'n' Roll verboten, mit der Begründung, daß er gegen den islamischen Sittenkodex verstoße, außerdem meinten Ärzte, man könne sich beim Rock 'n' Roll-Tanzen die Hüften verletzen. In kommunistischen Ländern wurden Tanzhallen geschlossen, als man merkte, daß zum Beispiel über Schiffe aus Hongkong Rock 'n' Roll-Platten eingeschmuggelt wurden. Man suchte überall Möglichkeiten, dem Rock 'n' Roll beizukommen; so etwa beschuldigte man Diskjockeys der Bestechung durch Plattenfirmen, wenn sie verschiedene Schallplatten häufiger auflegten.

Um den Rock 'n' Roll-Gegnern das Argument, die Texte seien zweideutig, zu nehmen, entstanden Lieder mit religiösen Texten wie »He's got the whole world in his hand« oder Pat Boones »A wonderful time up there«. Obwohl sich am Rhythmus nichts geändert hatte, wurden diese Platten überall akzeptiert und glätteten die Wogen.

In dieser Zeit wuchs die Beliebtheit der lateinamerikanischen Rhythmen. Der Rock 'n' Roll wurde in der Öffentlichkeit nicht mehr so stark gespielt, er war aber nie tot. In Frankreich und in der französischen Schweiz wurde vor allem die Form des Tanzes beibehalten, nicht aber unbedingt die Musik aus den 50er Jahren.

Nach der großen Zeit der Beatles, die ja stark von den Rock 'n' Roll-Interpreten der vergangenen Jahre (zum Beispiel Chuck Berry) geprägt wurden und nach der Pop- und Diskowelle feierte der Rock 'n' Roll sein Comeback.

Von der Schweiz und Frankreich ausgehend begeistert heute der Rock 'n' Roll-Tanz nach alten und neuen Musikstücken wieder die Jugendlichen und die Rock 'n' Roll-Generation der 50er Jahre. Die Musik und der

Tanz haben sich etabliert. Rock 'n' Roll ist gesellschaftsfähig. Es gibt kaum eine Tanzschule, die heute keine Rock 'n' Roll-Kurse anbietet. Neben diesem Freizeittanzvergnügen entwickelte sich der Rock 'n' Roll-Tanz auch zu einem Hochleistungssport. Es werden regionale, nationale und internationale Meisterschaften getanzt.

*Die Deutschen Meister 1980 und 1981 Beate Keller und Stefan Bachmaier rocken ganz privat und in Zivil.*

# Hobby – Rock 'n' Roll

## Allgemeine Grundkenntnisse

Hobby-Rock 'n' Roll ist ein Name, der von uns frei erfunden wurde. Innerhalb dieses Kapitels beschreiben wir den Teil des Rock 'n' Roll-Tanzes, der aus Spaß, als Hobby, so »nebenbei« betrieben wird.

Beim Turnier-Rock 'n' Roll wird im Gegensatz dazu die rein sportliche Seite dargestellt. Wir haben uns bei der Beschreibung der Grundtechnik und der Figuren an die zeitgemäße Form des Rock 'n' Roll-Tanzes gehalten. Es ist zu empfehlen, diese Kapitel der Reihe nach durchzuarbeiten.

Alle Tanzfiguren lassen sich auf allen Tanzflächen tanzen, zum Beispiel auch auf einer kleineren Tanzfläche in einer Diskothek.

Bei halbakrobatischen oder akrobatischen Figuren sind zwei Punkte zu beachten; 1. sollte das Paar eingespielt sein und 2. gehören solche Figuren nur dorthin, wo auch der entsprechende Platz zur Verfügung steht.

Für das Erlernen des Rock 'n' Roll-Tanzes kann dieses Buch nur ein zusätzliches Hilfsmittel sein. Richtig und vor allen Dingen schneller erlernt man den Rock 'n' Roll-Tanz durch die Anleitung eines Fachmannes.

Der Besuch einer ADTV-Tanzschule oder eines DRRV-Clubs ist zu empfehlen. Wer in einen Club geht, braucht nicht unbedingt sportlich Rock 'n' Roll zu tanzen. Perfektion im Rock 'n' Roll kommt nur durch viel Übung. In diesem Buch wird die Theorie vermittelt. Wer ohne sportlich Rock 'n' Roll zu tanzen seine Rock 'n' Roll-tänzerische Laufbahn trotzdem bestätigt haben will, hat die Möglichkeit, sich in den ADTV-Tanzschulen die bronzene, silberne und goldene Nadel des Deutschen Rock 'n' Roll-Abzeichens zu ertanzen.

Nach den dafür besonders eingerichteten Rock 'n' Roll-Kursen finden in diesen Tanzschulen Prüfungen statt: nach dem erfolgreichen Vortanzen erhält man dann die entsprechende Auszeichnung.

Bei allem Ehrgeiz sollte man aber immer daran denken, daß Tanzen die herrlichste Nebensache der Welt ist.

## Praktische Hinweise

Zum Üben der beschriebenen Figuren empfiehlt es sich, den Bewegungsablauf zuerst ohne Musik, dann nach langsamer und erst zum Schluß nach schnellerer Musik zu tanzen.
Die festgelegten Folgen sollten konsequent eingehalten werden. Erst wenn die Grundlagen absolut beherrscht werden, beginnt das Improvisieren – das individuelle Zusammensetzen einzelner Figuren.

### Tanzhaltungen

Im Gegensatz zu der Tanzhaltung in den Standard- und lateinamerikanischen Tänzen haben wir beim Rock 'n' Roll eine sehr legere Tanzhaltung.

**Geschlossene Gegenüberstellung.** Beide Partner stehen in geringem Abstand zueinander. Linke Herrenhand und rechte Damenhand sind in normaler Tanzhaltung gefaßt. Rechte Herrenhand liegt auf dem linken Schulterblatt der Dame. Linke Damenhand liegt auf der rechten Schulter oder dem rechten Oberarm des Herrn ①.

**❶**

19

**Offene Gegenüberstellung.** Die Partner stehen sich etwa mit 1/2 Meter Entfernung gegenüber. Es ist jeweils nur eine Herren- und Damenhand gefaßt. 1. Linke Herrenhand und rechte Damenhand, wobei der Herr seine Hand aufmacht und die Dame ihre von oben in die Herrenhand einlegt ②. 2. Rechte Herrenhand und rechte Damenhand (Shakehands), hier ist die Handhaltung wie beim »Guten Tag« sagen. Die Arme werden in der offenen Position immer leicht angewinkelt gehalten.

**Doppelhandhaltung.** Die Partner stehen sich etwa 1/2 Meter voneinander entfernt gegenüber. Der Herr faßt von unten beide Hände der Dame. Die Ellbogen werden leicht angewinkelt ③.

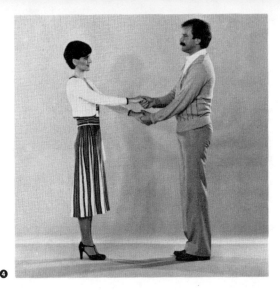

**Kreuzhandhaltung.** Die Partner stehen sich etwa 1/2 Meter voneinander entfernt gegenüber. Der Herr faßt von unten die Hände der Dame, wobei die Armlinien ein Kreuz bilden. Je nach vorausgegangener oder nachfolgender Figur ist einmal die rechte und einmal die linke Hand oben ④.

## Positionen

Neben der normalen Ausgangsposition (Gegenüberstellung) können die Partner in verschiedenen Positionen zueinander stehen.

**Promenadenposition.** Die Partner stehen wie in geschlossener Tanzhaltung zueinander, nur nimmt der Herr die linke, die Dame die rechte Seite etwas zurück, so daß die Schulterlinien beider Partner ein »V« bilden. Der Herr sieht nach links, die Dame nach rechts ⑤.

**Hintereinanderstellung.** Die Partner stehen hintereinander, entweder die Dame hinter dem Herrn oder der Herr hinter der Dame. Je nach Figur sind verschiedene Handhaltungen möglich ⑥.
(Der hinten stehende Partner faßt an den Oberarmen, Unterarmen oder Handgelenken).

**Nebeneinanderstellung.** Die Partner stehen nebeneinander, entweder gleiche Blickrichtung oder entgegengesetzte Blickrichtung ⑦. Verschiedene Handhaltungen sind je nach getanzter Figur möglich: Zum Beispiel: Die gefaßten rechten Hände liegen in der Taille der Dame, die gefaßten linken Hände in Schulterhöhe der Dame (siehe Kapitel »Schiebetür«).

## Führung

Die Führung im Paar ist Sache des Herrn. Die Führung einer Drehung, eines Platzwechsels oder einer Richtungsänderung erfolgt immer kurz vor der eigentlichen Bewegung. Um gut führen zu können, müssen beide Partner eine gewisse Spannung in den Armen haben, das heißt, die Schiebe- oder Ziehbewegung, die der Herr an der Hand der Partnerin ausführt, muß sich sofort auf den ganzen Körper übertragen. Wenn der Damenarm erst in der Armbeuge und im Schultergelenk nachgibt, ist es für die ausführende Bewegung schon zu spät. Außerdem kann die Dame den vom Herrn mitgegebenen Schwung nicht voll ausnützen. Die Führung bei den einzelnen Figuren des Hobby-Rock 'n' Rolls ist, sofern sie sich nicht aus der Schrittbeschreibung für die Dame und den Herrn ergibt, zur besseren Übersicht extra beschrieben.

## Kleidung

Beim Hobby-Rock 'n' Roll-Tanzen spielt die Kleidung keine Rolle, solange nur Tanzfiguren und keine Akrobatik getanzt werden. Wenn halbakrobatische oder akrobatische Figuren getanzt werden, so empfiehlt sich sportliche Bekleidung; für die Dame auf keinen Fall ein Rock. Außerdem sollten beide Partner Turnschuhe, Sportschuhe oder Gymnastikschuhe tragen. Es ist auch darauf zu achten, daß Gürtelschnallen, Schmuck, Halskettchen und dergleichen wegen der Verletzungsgefahr abgelegt werden.

# Grundtechnik

Der Grundschritt ist die rhythmische Interpretation der Musik. Beim Rock 'n' Roll-Tanz spricht man von verschiedenen Grundtechniken: vom 4er-, 6er-, 8er- oder 9er-Grundschritt. Beim Hobby-Rock 'n' Roll beschränken wir uns bewußt auf die beiden gebräuchlichsten Grundtechniken, den 6er- und den 9er-Grundschritt.

Der Vollständigkeit halber soll aber etwas zur Schrittentwicklung im Rock 'n' Roll gesagt werden.

Ursprünglich bestand der Rock 'n' Roll-Tanz aus einem 4er-Grundschritt, auch Single-Time genannt. Daraus entwickelte sich dann der gebräuchlichste Rock 'n' Roll-Grundschritt, der 6er-Grundschritt (Double-Time). In einer bestimmten Form ist der 6er-Grundschritt auch als Boogie bekannt.

Den 8er-Grundschritt (Triple-Time) tanzt man heute als Jive auf allen Tanzturnieren als fünften lateinamerikanischen Tanz. Außerdem wird er im Rahmen des Welttanzprogramms in allen Tanzschulen in der Grundform mit einfachen Figuren unterrichtet.

Der 9er-Grundschritt schließlich ist die sportlichste und schwierigste Form des Rock 'n' Roll-Tanzes. Diese Art zu tanzen erfordert sehr viel Kraft und Kondition, da es sich um einen Sprungschritt handelt. Dieser gesprungene 9er-Schritt ist keineswegs eine Neuentwicklung oder Grundschrittkonstruktion neuester Zeit. Bereits in alten Rock 'n' Roll-Filmen aus den 50er Jahren (wie zum Beispiel »Außer Rand und Band«) ist bei fortgeschritteneren Tänzern dieser Tanzstil zu beobachten. Im sportlichen Wettkampf wird von allen internationalen Rock 'n' Roll-Verbänden nur diese Schrittform anerkannt.

Ein guter Rock 'n' Roll-Tänzer sollte neben allen fortgeschrittenen Grundformen auf jeden Fall den 6er-Grundschritt beherrschen.

Erfahrungsgemäß hat es sich bestens bewährt, als erstes den 6er-Grundschritt zu erlernen und damit auch alle Figuren und Kombinationen aufzubauen. Erst wenn der 6er-Grundschritt beherrscht wird und der Tänzer ein gutes Rhythmusgefühl dafür hat, sollte man an das Erlernen des 9er-Grundschritts gehen. Es ist dann sehr leicht, Figuren und Kombinationen vom 6er- in den 9er-Grundschritt umzubauen, da alle

Aktionen (Bewegungen, Drehungen usw.) auf dem zeitlich entsprechend gleichen Schritt (Fuß) ausgeführt werden.

Dame und Herr könnten verschiedene Grundtechniken tanzen. Wir haben in der Rock 'n' Roll-Musik einen 4/4-Takt und benötigen für einen Grundschritt 1 1/2 Takte, das heißt 6 Taktschläge. Beim 6er-Grundschritt wird auf jeden Taktschlag ein Schritt getanzt.

Für den 8er-Grundschritt (Jive) teilen wir 2 Taktschläge in je 2 Teile, so daß wir in der gleichen Zeit auf 8 Schritte kommen. Für den 9er-Grundschritt (Sprungschritt) werden 3 Taktschläge in je 2 Teile geteilt, so daß aus 6 Schritten 9 werden. Vergleicht man die beiden anschließend beschriebenen Grundschritte aufgrund der Zählweise, so sieht man, daß es ohne weiteres möglich ist, daß ein Partner den 6er- und der andere den 9er-Grundschritt tanzt. Auch andere Kombinationen sind möglich. (Siehe Turnier-Rock 'n' Roll, Kapitel »Grundtechnik«.)

*Der perfekte und sauber getanzte Grundschritt ist das A und O beim Rock 'n' Roll-Tanz.*

# 6er-Grundschritt (Double-Time)

Auf diesen Schrittsatz sind alle Figuren des Hobby-Rock 'n' Rolls aufgebaut. Diesen 6er-Grundschritt, den es auch in kleinen Abwandlungen (zum Beispiel Tap, Kick) gibt, sollte jeder Rock 'n' Roll-Tänzer beherrschen.

| | Zählweise | Rhythmus | Herr | Dame |
|---|---|---|---|---|
| ① | **1** (rück) | 1/4 | LF rw | RF rw |
| ② | **2** (Platz) | 1/4 | RF am Platz belasten | LF am Platz belasten |
| ③ | **3** (Kick) | 1/4 | LB Kick leicht nach links | RB Kick nach vorne |
| ④ | **4** (Platz) | 1/4 | LF am Platz belasten | RF am Platz belasten |
| ⑤ | **5** (Kick) | 1/4 | RB Kick leicht nach rechts | LB Kick nach vorne |
| ⑥ | **6** (Platz) | 1/4 | RF am Platz belasten | LF am Platz belasten |

Führung:

Der Herr führt die Dame mit der gefaßten Hand mit einem leichten Wegdrücken auf 1 in den Rückwärtsschritt und holt sie bei 2 mit einem leichten Heranziehen in die Ausgangsposition zurück.

Tips zum Üben:

Beim 6er-Grundschritt wird auf jeden Taktschlag (1/4) ein Schritt getanzt. Der Schritt 1 rückwärts ist sehr klein zu tanzen, der Rückwärtsschritt wird immer nur knapp hinter das Standbein gesetzt. Alle Schritte werden auf Fußballen angesetzt. Der Oberkörper bleibt aufrecht und ruhig, von einem leichten Mitfedern abgesehen.

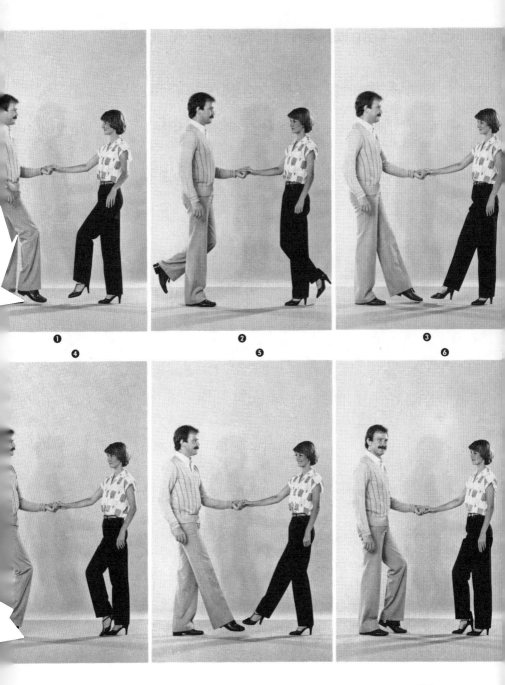

❶              ❷              ❸
❹              ❺              ❻

# 9er-Grundschritt (Sprungschritt)

Der 9er-Grundschritt ist eigentlich der Turnierschritt, deshalb wird er ganz exakt der Turniertanztechnik entsprechend beim Turnier-Rock 'n' Roll noch einmal beschrieben.

Hier beschränken wir uns auf eine einfachere Beschreibung, so wie sie für einen Hobby-Tänzer mehr als ausreichend ist.

| | Zählweise | Rhythmus | Herr | Dame |
|---|---|---|---|---|
| ① | **1** (Kick) | schnell (3/16) | RB Hop LB Kick | LB Hop RB Kick |
| ② | und (Ball) | + (1/16) | LF leicht rw kurz belasten | RF leicht rw kurz belasten |
| ③ | **2** (Change) | schnell (1/4) | RF am Platz belasten | LF am Platz belasten |
| ④ | **3** (Kick) | schnell (3/16) | RB Hop LB Kick | LB Hop RB Kick |
| ⑤ | und | + (1/16) | RB Hop linkes Knie anheben | LB Hop rechtes Knie anheben |
| ⑥ | **4** (drauf) | schnell (1/4) | LF am Platz belasten | RF am Platz belasten |
| ⑦ | **5** (Kick) | schnell (3/16) | LB Hop RB Kick | RB Hop LB Kick |
| ⑧ | und | + (1/16) | LB Hop rechtes Knie anheben | RB Hop linkes Knie anheben |
| ⑨ | **6** (drauf) | schnell (1/4) | RF am Platz belasten | LF am Platz belasten |

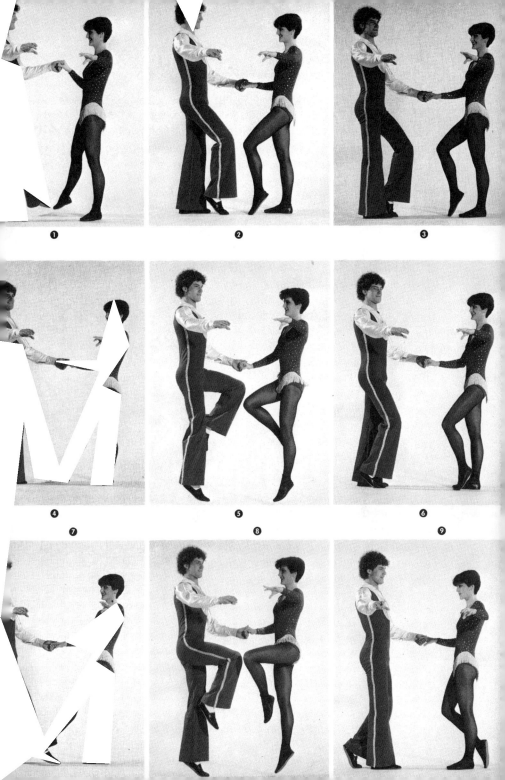

# 9er-Grundschritt

Alle nachfolgenden Figuren des Hobby-Rock 'n' Rolls können auch im 9er-Grundschritt getanzt werden. Wenn man diesen beherrscht, ist es ein leichtes, die zuerst im 6er-Grundschritt erlernten Figuren in den 9er-Grundschritt umzubauen. Die entsprechenden Bewegungen (zum Beispiel Drehungen) erfolgen der Zählweise entsprechend auf dem gleichen Schritt.

Beim 9er-Grundschritt wird im Gegensatz zum 6er-Grundschritt der 1., 3. und 5. Taktschlag in zwei Teile geteilt (3/16 und 1/16). Zum leichteren Erlernen am Anfang ist es möglich, die Viertel auch in zwei gleiche Teile zu je einem Achtel zu tanzen.
Rhythmisch einwandfrei ist aber nur die (3/16 – 1/16) Aufteilung. Die Hops auf dem Standbein sollen sich kaum auf den Oberkörper übertragen.

Tips zum Üben:

Es empfiehlt sich, den Grundschritt zuerst ohne Musik auf die angegebene Zählweise zu üben, dann nach langsamer Musik zu beginnen und mehrere Platten lang nur Grundschritte zu tanzen.
Auch später, wenn mehrere Figuren beherrscht werden, sollte man immer zu Beginn eine oder zwei Platten lang Grundschritt und einfache Figuren tanzen. Den guten Tänzer erkennt man am lässigen Bewegungsablauf innerhalb des Tanzes. Die Lässigkeit kommt ganz einfach durch die Übung; da sich alles auf den Grundschritt aufbaut – bei den Figuren ändern sich ja immer nur ein oder zwei Schritte aus diesem 6er-Grundschritt –, erreicht man einen flüssigen Bewegungsablauf durch häufiges Üben und Tanzen des Grundschrittes.

# Einfache Tanzfiguren

Die nachfolgenden sieben beschriebenen Tanzfiguren sind deshalb als einfach zu bezeichnen, weil sie unmittelbar auf dem 6er (9er)-Grundschritt aufbauen. Sie sind auch innerhalb von 6 (9) Schritten abgeschlossen. Außerdem ist es bei einigermaßen guter Führung des Herrn möglich, diese Figur mit jeder Dame zu tanzen, ohne daß sie sich vorher eingetanzt oder abgesprochen haben. Die ersten vier Figuren sind elementare Grundfiguren, die in jeder Tanzfolge vorkommen. Sie werden auch recht häufig dazu benutzt, um schwierigere Figuren einzuleiten.

*Bayerische Rock 'n' Roll-Meisterschaft 1981: Zwischen den Turnierrunden rockt das Publikum.*

# Promenade (Schulterfasser)

Ausgangsposition:

offene Gegenüberstellung, rechte Herrenhand und rechte Damenhand
gefaßt (Shakehands).
Diese Figur ist auch mit einer anderen Handhaltung zu tanzen. (Linke
Herrenhand, rechte Damenhand.) Bei dieser Haltung faßt der Herr die
Dame am Ende mit der rechten Hand in der Taille.
Der Herr tanzt den Grundschritt von 1–6.

| | Zählweise | Rhythmus | Herr | Dame |
|---|---|---|---|---|
| | 1 | 1/4 | LF rw | RF rw |
| | 2 | 1/4 | RF am Platz belasten | LF kleiner Schritt auf den Herrn zu |
| | 3 | 1/4 | LB Kick leicht nach links | RB Kick |
| ① | 4 | 1/4 | LF am Platz belasten | RF Schritt schräg vw an die rechte Seite des Herrn. Auf diesem Fuß 1/2 RD (gleiche Blickrichtung wie Herr am Ende) |
| ② | 5 | 1/4 | RB Kick leicht nach rechts | LB Kick |
| | 6 | 1/4 | RF am Platz belasten | LF am Platz belasten |

**❶** **❷**

### Ende:

Nebeneinanderstellung (gleiche Blickrichtung). Rechte Herrenhand und rechte Damenhand gefaßt. Linke Damenhand liegt auf rechter Schulter des Herrn, deshalb hat die Figur auch den Namen Schulterfasser.

### Führung:

Der Herr führt auf 4 mit seiner rechten Hand (durch leichtes Ziehen an der rechten Damenhand) die Dame an seine rechte Seite. Sobald die Dame am Ende von 4 den rechten Fuß belastet hat, nimmt der Herr zur Unterstützung der Damendrehung die gefaßten Hände vor die Dame.

33

# Platzwechsel

Als Platzwechsel werden Figuren bezeichnet, bei denen die Partner innerhalb eines 6er-Grundschrittes die Plätze tauschen. Hierbei sind der Fantasie keine Grenzen gesetzt, und es gibt sehr viele verschiedene Möglichkeiten. Drei der bekanntesten werden beschrieben:

### Platzwechsel unten

Bei dieser Art die Plätze zu wechseln tanzt der Herr vorwärts mit einer halben Linksdrehung an den Gegenüberplatz, die Dame hinter dem Herrn vorbei in einer halben Rechtsdrehung zum Gegenüberplatz.

Ausgangsposition:

offene Gegenüberstellung, linke Herrenhand und rechte Damenhand gefaßt.

❶

|   | Herr | Dame |
|---|------|------|
| **1** | LF rw | RF rw |
| **2** | RF kleiner Schritt vw | LF kleiner Schritt vw |
| ① **3** | LB Kick | RB Kick |
| **4** | LF schräg vw 1/4 LD | RF vw 1/2 RD |
| ② **5** | RB Kick | LB Kick |
| ③ **6** | RF rw 1/4 LD | LF rückwärts |

Führung:

Bei 3 greift der Herr mit seiner rechten Hand auf die rechte Damenhand, läßt dann seine linke Hand los und führt während Schritt 4 und 5 die rechte Damenhand hinter seinem Rücken wieder in die linke Herrenhand.

❷

❸

# Platzwechsel

## Platzwechsel oben

Bei diesem Platzwechsel tanzt der Herr innerhalb der 6 Schritte mit einer halben Rechtsdrehung auf den Gegenüberplatz, die Dame in einer halben Linksdrehung auf den Gegenüberplatz. Die gefaßten Hände (linke Herrenhand, rechte Damenhand) werden dabei über den Kopf der Dame geführt.

Ausgangsposition:

offene Gegenüberstellung, linke Herrenhand und rechte Damenhand gefaßt.

|   |   | Herr | Dame |
|---|---|------|------|
|   | 1 | LF rw | RF rw |
|   | 2 | RF kleiner Schritt vw, 1/4 RD | LF kleiner Schritt vw, 1/4 LD |
| ① | 3 | LB Kick | RB Kick |
|   | 4 | LF vw 1/4 RD | RF rw 1/4 LD |
| ② | 5 | RB Kick | LB Kick |
|   | 6 | RF am Platz belasten | LF am Platz belasten |

Führung:

Der Herr führt bei 2, 3 in einer Aufwärtsbewegung die gefaßten Hände (linke Herrenhand, rechte Damenhand) über den Kopf der Dame. Bei 4, 5 werden die gefaßten Hände wieder nach unten genommen.

❶ ❷

## Platzwechsel Tor

Bei diesem Platzwechsel werden die gleichen Schritte wie beim Platzwechsel unten getanzt, nur nimmt der Herr die gefaßten Hände über seinen Kopf und tanzt unter den gefaßten Händen in eine halbe Linksdrehung zum Gegenüberplatz, während die Dame hinter dem Herrn vorbei mit einer halben Rechtsdrehung zum Gegenüberplatz tanzt.

37

# Platzwechsel

Ausgangsposition:

offene Gegenüberstellung, linke Herrenhand, rechte Damenhand gefaßt.

Schrittbeschreibung siehe »Platzwechsel unten«.

Führung:

① Der Herr führt die gefaßten Hände bei 3, 4 in einer Aufwärtsbewegung
② über seinen Kopf. Bei 5, 6 werden die gefaßten Hände wieder nach
③ unten genommen.

# Solodrehungen am Platz (American Spin)

Hier gibt es wiederum mehrere Möglichkeiten. Sowohl der Herr als auch die Dame kann rechts- oder linksherum am Platz drehen. Dabei kann man diese Drehung alleine, oder auch mit gefaßten Händen (zum Beispiel Herr linke Hand, Dame rechte Hand usw.) durchführen. Es ist fast ausschließlich so, daß eine Damendrehung nach rechts auf dem 4. Schritt ausgeführt wird, eine Damendrehung nach links auf dem 2. Schritt und umgekehrt für den Herrn. Der Grund dafür ist die entsprechende Belastung des Fußes, auf dem die Drehung ausgeführt werden soll. Eine Rechtsdrehung läßt sich dann leichter tanzen, wenn der rechte Fuß belastet wird, eine Linksdrehung, wenn der linke Fuß belastet wird.

### Damendrehung rechts

Ausgangsposition:

offene Gegenüberstellung, 1. linke Herrenhand, rechte Damenhand
① gefaßt. 2. Rechte Herrenhand, rechte Damenhand gefaßt.
Der Herr tanzt den Grundschritt von 1–6, die Dame von 1–3.

| Zählweise | Rhythmus | Herr | Dame |
|---|---|---|---|
| **1** | 1/4 | LF rw | RF rw |
| **2** | 1/4 | RF am Platz belasten | LF am Platz belasten |
| **3** | 1/4 | LB Kick<br>leicht nach links | RB Kick<br>nach vorne |
| **4** | 1/4 | LF am Platz belasten | RF unter dem Körper aufsetzen, so daß die Fußspitze bereits vom Herrn wegzeigt. Größter Teil der RD |
| **5** (Kick) | 1/4 | RB Kick<br>leicht nach rechts | LB Kick, wobei die Drehung vollendet werden kann |
| **6** (Platz) | 1/4 | RF am Platz belasten | LF am Platz belasten |

**O**

Ende:

offene Gegenüberstellung, 1. linke Herrenhand, rechte Damenhand gefaßt. 2. rechte Herrenhand, rechte Damenhand gefaßt.

Führung:

Bei Ausgangsposition 1 führt der Herr auf 3 die gefaßten Hände nach
oben (die Fingerspitzen zeigen zur Decke, die Handflächen liegen gegeneinander). Auf 4 führt der Herr die gefaßten Hände in einer leichten
Drehbewegung über den Kopf der Dame, wobei sich die Damenfinger in
der Herrenhand mitdrehen. Auf 5, 6 werden die gefaßten Hände wieder
nach unten genommen.

# Solodrehungen am Platz

② Bei der Ausgangsposition 2 nimmt der Herr auf 3 die gefaßten Hände nach oben (die Fingerspitzen zeigen zur Decke und die Handflächen liegen gegeneinander). Die rechte Herrenhand und die rechte Damenhand werden soweit nach links abgekippt, daß die Hände wieder gefaßt werden können.

③ Auf 4 führt der Herr die gefaßten Hände in einer Drehbewegung über den Kopf der Dame. Auf 5, 6 werden sie nach unten genommen.

❷ ❸

## Damensolo

Dieser American Spin kann mit beiden Handhaltungen auch von der Dame alleine getanzt werden (ohne Führung über den Kopf der Dame). Hierzu bleiben die Hände (z. B. rechte Herrenhand, rechte Damenhand) in Hüfthöhe gefaßt bis zum 3. Schritt. Der Herr gibt auf 4 der Dame leicht ① Schwung für ihre Rechtsdrehung. Auf 5, 6 faßt der Herr mit seiner linken oder rechten Hand wieder die rechte Damenhand. Die Hauptaufgabe der Dame ist es, sich gut mit der rechten Hand in die Drehung abzustoßen.

❶

# Solodrehungen am Platz

### Damendrehung links

Ausgangsposition:

offene Gegenüberstellung, linke Herrenhand und rechte Damenhand gefaßt.
Der Herr tanzt den Grundschritt von 1–6, die Dame ebenfalls, auf 2, 3 macht sie mit dem linken Fuß eine ganze Linksdrehung.

| Zählweise | Rhythmus | Herr | Dame |
|---|---|---|---|
| 1 | 1/4 | LF rw | RF rw |
| 2 | 1/4 | RF am Platz belasten | LF am Platz belasten |
| 3 | 1/4 | LB Kick leicht nach links | RB Kick nach vorne (auf 2, 3 LF ganze LD) |
| 4 | 1/4 | LF am Platz belasten | RF am Platz belasten |
| 5 | 1/4 | RB Kick leicht nach rechts | LB Kick nach vorne |
| 6 | 1/4 | RF am Platz belasten | LF am Platz belasten |

① 

Ende:

offene Gegenüberstellung, linke Herrenhand und rechte Damenhand gefaßt.

Führung:

Der Herr führt auf 2, 3 die gefaßten Hände in einer spiralartigen Auf-wärtsbewegung über den Kopf der Dame. Auf 4, 5 werden die gefaßten Hände wieder nach unten genommen.

**❶**

## Herrendrehung rechts und links

Der Herr kann genauso wie die Dame rechts- und linksherum drehen.
Fast immer dreht der Herr nach links auf dem 4. Schritt und nach rechts
auf dem 2. Schritt. (Ausnahmen gibt es zum Beispiel bei der Schiebetür.)
Die Herrendrehungen werden spiegelbildlich zu den Damendrehungen
getanzt.

# Solodrehungen am Platz

### Solodrehung für beide

Ausgangsposition:

① offene Gegenüberstellung, rechte Herrenhand und rechte Damenhand gefaßt.

| Herr | Dame |
|---|---|
| Solodrehung wie bereits bei Herrendrehung beschrieben | Solodrehung auf dem 4. Schritt rechtsherum |
| Auf dem 4. Schritt linksherum | |

Ende:

offene Gegenüberstellung, linke Herrenhand und rechte Damenhand gefaßt.

Führung:

② Auf dem 4. Schritt gibt der Herr der Dame und sich selbst Schwung für
③ die Drehung und die Hände werden gelöst. Auf 5, 6 faßt der Herr mit sei-
④ ner linken Hand die rechte Damenhand.

Diese Drehungen für beide können auch aus anderen Ausgangspositionen getanzt werden. Zum Beispiel in einer Schattenposition, das heißt, wenn die Dame hinter dem Herrn steht, rechte Herrenhand und rechte Damenhand gefaßt sind. Hierbei dreht der Herr dann nur eine halbe Drehung.

1

3

2

4

# Flirt

Ausgangsposition:

**①**

① Gegenüberstellung, Kreuzhandfassung.
Herr und Dame tanzen den Grundschritt 1–6. Von beiden Partnern wird der 2. Schritt aufeinander zu, der 4. Schritt voneinander weg getanzt. Um sich nicht zu behindern, führt er seinen Kick auf 3 etwas mehr nach außen und sie zwischen die Beine des Herrn aus.

| Zählweise | Rhythmus | Herr | Dame |
|-----------|----------|------|------|
| 1 | 1/4 | LF rw | RF rw |
| 2 | 1/4 | RF vw (kleiner Schritt) | LF am Platz belasten |
| 3 | 1/4 | LB Kick nach links, mehr nach außen | RB Kick nach vorne, zwischen die Beine des Herrn |
| 4 | 1/4 | LF rw (kleiner Schritt) | RF am Platz belasten |
| 5 | 1/4 | RB Kick leicht nach rechts | LB Kick nach vorne |
| 6 | 1/4 | RF am Platz belasten | LF am Platz belasten |

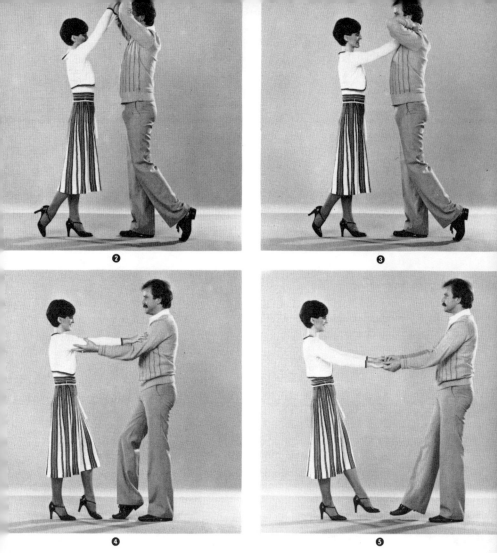

Ende: offene Gegenüberstellung, Doppelhandhaltung.

Führung:

② Die über Kreuz gefaßten Hände werden bei 3 über den Kopf des Herrn
③ geführt und in den Nacken oder auf die Schultern gelegt. Auf 4, 5 und 6
④ rutschen die Damenhände über die Oberarme und Unterarme des Herrn
⑤ zur Doppelhandhaltung.

# Brezel

Diese Figur hat ihren Namen durch eine brezelähnliche Armhaltung.

Ausgangsposition:

offene Gegenüberstellung, Doppelhandhaltung.

|   |   | Herr | Dame |
|---|---|------|------|
| ① | 1 | LF rw | RF rw |
| ② | 2 | RF am Platz belasten, 1/4 LD rechte Schulter zur Dame | LF am Platz belasten, 1/4 LD |
| ③ | 3 | LB Kick | RF schließt zum LF |
| ④ | 4 | LF sw | LF sw |
|   | 5 | RB Kick | RB Kick |
| ⑤ | 6 | RF am Platz belasten | RF am Platz abstellen ohne Gewicht |

Ende:

Nebeneinanderstellung, rechte Hand für beide gefaßt; entgegengesetzte Blickrichtung.

Führung:

Die gefaßten Hände werden über die Köpfe gegenseitig in die Nacken gelegt (bei 3). Die rechten Hände rutschen über die rechten Arme in eine Shakehands-Haltung (zwischen 4–6).
Diese Figur kann auf den letzten Schritt (6) auch wieder in Gegenüberstellung gedreht werden (für beide auf Schritt 6 eine Viertelrechtsdrehung).

❶

❷

❸

❹

❺

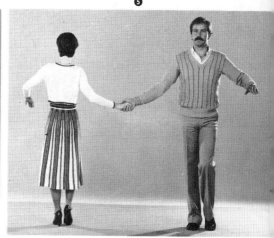

51

# Windmill

Bei dieser Figur drehen beide Partner in Doppelhandhaltung und Gegenüberstellung eine halbe Drehung linksherum. Es ist möglich, auch eine ganze Drehung zu tanzen. Hierbei muß jedoch der 9er-Grundschritt angewandt werden.

Ausgangsposition:

Gegenüberstellung, Doppelhandhaltung.

|   | Herr | Dame |
|---|------|------|
| **1** | LF rw | RF rw |
| **2** | RF kleiner Schritt vw auf die Dame zu | LF kleiner Schritt vw auf den Herrn zu |
| **3** | LB Kick an der Dame vorbei | RB Kick am Herrn vorbei |
| **4** | LF vw, dabei 1/2 LD | RF vw, dabei 1/2 LD |
| **5** | RB Kick | LB Kick |
| **6** | RF am Platz belasten | LF am Platz belasten |

① (Kreismarkierung links neben Schritt 3)

Diese Figur kann auch rechtsherum gedreht werden. (Änderung auf dem 4. Schritt.)

Ende:

Gegenüberstellung, Doppelhandhaltung.

Führung:

Auf 2, 3 werden die gefaßten Hände nach außen gehalten, wobei der rechte Herrenarm und linke Damenarm nach oben und der linke Herrenarm und rechte Damenarm nach unten gehalten wird. Auf 5, 6 wird diese Neigung zur normalen Doppelhandhaltung aufgelöst.

# Schwierigere Tanzfiguren

Diese Figuren sind nicht deshalb schwierig, weil sie unbedingt schwer erlernbar sind, sondern es handelt sich hierbei vielmehr um Tanzfiguren, die von dem normalen 6er-Grundschritt etwas abweichen.

Wenn ein Paar diese Figuren zusammen tanzen möchte, müssen beide ihre Schritte kennen. Hier reicht es nicht, wenn der Herr die Dame durch gute Führung »mitzieht«.

Diese Figuren sind, wenn sie im Sprungschritt getanzt werden, auch bereits schon sehr attraktive Figuren für ein kleines Turnierprogramm.

## Toe Heel

Diese Figur heißt so, weil einmal die Fußspitze (Toe) und einmal die Ferse (Heel) betont aufgesetzt wird.

Ausgangsposition:

Gegenüberstellung, Doppelhandhaltung (Handflächen gegeneinander). Die Dame tanzt von 1–6 gegengleich zu den Schritten des Herrn.

| | | Herr | Dame |
|---|---|---|---|
| ① | 1 | Linke Fußspitze neben dem RF ohne Gewicht aufsetzen. Das RB dreht 1/8 nach rechts, linkes Knie nach rechts | Rechte Fußspitze neben dem LF ohne Gewicht aufsetzen. Das LB dreht 1/8 nach links, rechtes Knie nach links |
| ② | 2 | LF sw auf Ferse abstellen, ohne Gewicht. Das RB dreht 1/4 nach links | RF sw auf Ferse abstellen, ohne Gewicht. Das LB dreht 1/4 nach rechts |

# Toe Heel

| | | Herr | Dame |
|---|---|---|---|
| ③ | 3 | LF (kleiner Schritt) kreuzt vor RF. RB dreht 1/4 nach rechts | RF (kleiner Schritt) kreuzt vor LF. LB dreht 1/4 nach links |
| ④ | 4 | Rechte Fußspitze zum LF, ohne Gewicht. LB dreht 1/4 nach links. Rechtes Knie nach links | Linke Fußspitze zum RF, ohne Gewicht. RB dreht 1/4 nach rechts. Linkes Knie nach rechts |
| ⑤ | 5 | RF sw auf Ferse abstellen, ohne Gewicht. LB dreht 1/4 nach rechts | LF sw auf Ferse abstellen, ohne Gewicht. RB dreht 1/4 nach links |
| ⑥ | 6 | RF (kleiner Schritt) kreuzt vor LF. LB dreht 1/4 nach links | LF (kleiner Schritt) kreuzt vor RF. RB dreht 1/4 nach rechts |

Ende:

wie Ausgangsposition (mit gekreuzter Fußposition).

Führung:

Die Arme werden seitwärts mit Spannung gehalten, um die Drehbewegung in der Hüfte gegenseitig zu unterstützen.
Diese Figur kann mehrmals wiederholt werden.
Es ist auch möglich bei 3 und 6 einen Taktschlag Pause zu tanzen (Zählen: 1 2 3 Pause 4 5 6 Pause).
Am besten ist es, diese Figur zweimal (einmal mit und einmal ohne Pause) zu tanzen.

3  5

4  6

# Sprinter

Diese Figur ist dem »Hopserlauf«, wie ihn kleine Kinder oft übermütig auf der Straße springen, abgeschaut.

Ausgangsposition:

Nebeneinanderstellung, gleiche Blickrichtung, rechte Herrenhand und linke Damenhand gefaßt, oder linker Damenarm in rechten Herrenarm eingehängt.

|  | | Herr | Dame |
|---|---|---|---|
| ① | + | Sprung (Hop) auf RF dabei linkes Knie leicht anheben | Sprung (Hop) auf LF dabei rechtes Knie leicht anheben |
| ② | 1 | LF (kleiner Schritt) hinter RF | RF (kleiner Schritt) hinter LF |
| ③ | + | Sprung (Hop) auf LF dabei rechtes Knie leicht anheben | Sprung (Hop) auf RF dabei linkes Knie leicht anheben |
|  | 2 | RF (kleiner Schritt) hinter LF | LF (kleiner Schritt) hinter RF |
|  | +3 +4 | Wiederholung +1/+2 | Wiederholung +1/+2 |
|  | +5 +6 | Wiederholung +1/+2 | Wiederholung +1/+2 |

Ende: wie Ausgangsposition.

Führung: keine.

Die linke Herrenhand und die rechte Damenhand können in die Taille gestützt oder leicht seitwärts genommen werden. Auch eine andere

Handhaltung der gefaßten beziehungsweise nicht gefaßten Hände ist möglich.

Zum Beispiel Schulterfasser (Promenade), (rechte Herrenhand, rechte Damenhand gefaßt. Linke Damenhand liegt auf rechter Schulter des Herrn).

Der Sprinter kann bis 4, 6 oder 8 getanzt werden.

# Tausendfüßler

Bei dieser Figur stehen die Partner hintereinander und kicken mit dem gleichen Bein.

Ausgangsposition:

Herr steht hinter der Dame und faßt die Dame an beiden Handgelenken.

|     |     | Herr und Dame |
| --- | --- | --- |
| ① | **1** | RB Kick, LB Hop |
|   | **2** | RB Kick, LB Hop |
| ② | **3** | umspringen auf RF, LB Kick |
|   | **4** | LB Kick, RB Hop |
| ③ | **5** | umspringen auf LF, RB Kick |
| ④ | **6** | umspringen auf RF, LB Kick |
|   | **7** | umspringen auf LF, RB Kick |
| ⑤ | **8** | Kleiner Sprung auf beide Füße (Stomp) |

# La Bamba

Diese Figur ist ähnlich wie der Sprinter, nur wird der »Hopserlauf« nicht rückwärts, sondern zur Seite getanzt.

Ausgangsposition:

Dame an der linken Seite des Herrn. Linke Herrenhand und rechte Damenhand gefaßt.

|  | Herr | Dame |
|---|---|---|
| **1** | RB Hop<br>LB Kick | LB Hop<br>RB Kick |
| + | LF leicht rw<br>kurz belasten | RF leicht rw<br>kurz belasten |
| **2** | RF am Platz belasten | LF am Platz belasten |
| ① + | RF kleiner Sprung sw<br>nach links.<br>Linkes Knie anheben | LF kleiner Sprung sw<br>nach rechts.<br>Rechtes Knie anheben |
| **3** | LF am Platz belasten | RF am Platz belasten |
| ② + | LF kleiner Sprung sw<br>nach rechts.<br>Rechtes Knie anheben | RF kleiner Sprung sw<br>nach links.<br>Linkes Knie anheben |
| **4** | RF am Platz belasten | LF am Platz belasten |
| **+5+6** | wie +3+4 | wie +3+4 |

Diese Figur wird oft zweimal hintereinander getanzt.

Führung:

Mit seiner linken Hand führt der Herr durch die Handhaltung das Paar zusammen und auseinander.

# Schiebetür

Die Schiebetür ist eine Figurenfolge (Wickelfigurenfolge), die sich aus vier Einzelfiguren mit Auflösung zusammensetzt.

Ausgangsposition:

offene Gegenüberstellung, rechte Herrenhand und rechte Damenhand gefaßt (Shakehands).

### 1. Teil (Eindrehen)

|  |  | Herr | Dame |
|---|---|---|---|
|  | 1 |  | RF rw |
| ① | 2 |  | LF kleiner Schritt schräg vw |
|  | 3 | Der Herr tanzt Grundschritt von 1–6 | RB Kick bei 2, 3, 1/2 LD |
|  | 4 |  | RF rw |
| ② | 5 |  | LB Kick |
|  | 6 |  | LF schließt zum RF |

Ende:

rechts neben dem Herrn (gleiche Blickrichtung).

Führung:

Der Herr führt die Dame mit seiner rechten Hand zwischen den Schritten 2 und 4 mit einer Art »Polizeigriff« an seine rechte Seite (gleiche Blickrichtung).
Die gefaßten Hände bleiben dabei in Hüfthöhe. Die linke Herrenhand und die linke Damenhand werden in Schulterhöhe der Dame gefaßt.

# Schiebetür

## 2. Teil (Verschieben)

| | | Herr | Dame |
|---|---|---|---|
| | **1** | | RF rw |
| ① | **2** | Der Herr tanzt den Grund-schritt von 1–6, wobei er | LF (kleiner Schritt) schräg vw vor den Herrn 1/4 LD |
| | **3** | auf 2 etwas rw tanzt, um die Dame vor sich | RB Kick |
| ② | **4** | vorbeizuführen | RF vw 1/4 RD |
| | **5** | | LB Kick |
| ③ | **6** | | LF rw |

**❶**

Ende:

Links neben dem Herrn (gleiche Blickrichtung).

Führung:

Der Herr führt die Dame mit beiden Händen von seiner rechten an seine linke Seite, wobei die Handhaltung der rechten Hände immer unten und der linken Hände immer oben bleibt. Am Ende sind die gefaßten linken Hände auf der Schulter der Dame, und die gefaßten rechten Hände vor dem Bauch des Herrn. Beide haben immer noch gleiche Blickrichtung.

❷

❸

# Schiebetür

## 3. Teil (Umdrehen)

|   |   | Herr | Dame |
|---|---|------|------|
|   | 1 | LF rw | RF rw |
| ① | 2 | RF am Platz belasten | LF am Platz belasten, 1/2 LD |
| ② | 3 | LB Kick | RB Kick |
| ③ | 4 | LF schließt zum RF, 1/2 RD | RF schließt zum LF |
| ④ | 5 | RB Kick | LB Kick |
|   | 6 | RF am Platz belasten | LF schließt zum RF |

Ende:

Nebeneinanderstellung, Dame an der rechten Seite des Herrn, gleiche Blickrichtung wie er, aber entgegengesetzt zur Ausgangsposition.

Führung:

Auf 1 Auflösung der rechten Handhaltung. Auf 2 führt der Herr mit der linken Hand die Dame in die halbe Linksdrehung. Die gefaßten Hände bleiben dabei oben.
Auf 3, 4 führt der Herr die gefaßten linken Hände über seinen Kopf. Auf 5, 6 werden die gefaßten Hände nach unten genommen und der Herr faßt wiederum mit seiner rechten Hand die rechte Damenhand an der rechten Seite (Taille) der Dame (siehe Ausgangsposition »Verschieben«).

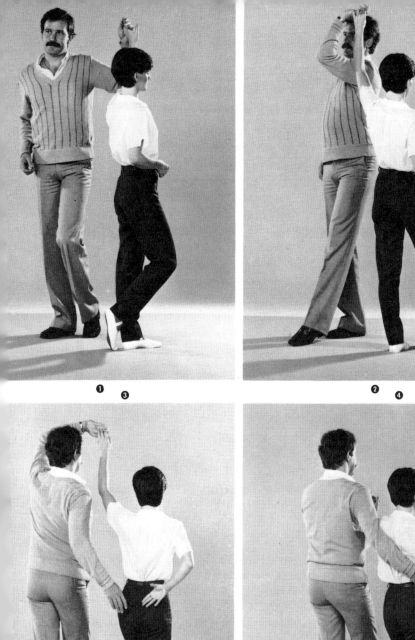

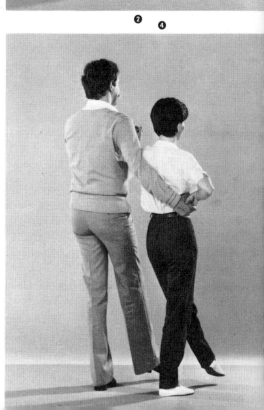

①　③

②　④

# Schiebetür

## 4. Teil (Ausdrehen)

|     | Herr | Dame |
|-----|------|------|
| **1** |  | RF rw |
| ① **2** |  | LF (kleiner Schritt) schräg vw |
| ② **3** | Der Herr tanzt den Grund- | RB Kick |
| **4** | schritt von 1–6 | RF vw 1/2 RD |
| **5** |  | LB Kick |
| ③ **6** |  | LF am Platz belasten |

Ende:

Gegenüberstellung in Kreuzhandfassung.

Führung:

Der Herr führt die Dame mit den gefaßten linken und rechten Händen von seiner rechten Seite in die Gegenüberstellung. Dabei führt er die gefaßten linken Hände bei 3, 4 über den Kopf der Dame und nimmt sie auf 5, 6 nach unten.

Tips zum Üben:

Es empfiehlt sich, bei allen schwierigeren Figuren zuerst den Weg ohne Kicks zu »gehen«. Erst wenn man nach mehrmaligem Üben den Weg kennt und die Führung beherrscht, dann ist es zweckmäßig, dazu die Kicks zu machen. Man faßt sich bei der Handhaltung locker nur mit den Fingerspitzen. Jede der beschriebenen Handhaltungen muß bequem auszuführen sein. (Keine Knoten in die Arme machen.)

**❷**

**❸**

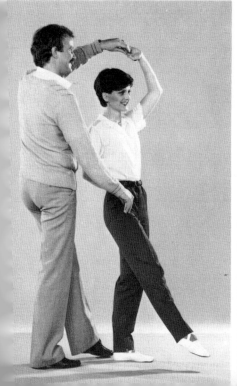

# Halbakrobatik

(Alle folgenden Hinweise gelten für Akrobatik jeglicher Art)

Zum überwiegenden Teil ist es die Akrobatik, die dem Rock 'n' Roll zu so großer Popularität verhilft. Man sollte aber immer bedenken, daß Rock 'n' Roll trotz der Überschläge, Lifts und anderer Figuren ein Tanz ist. Eine akrobatische Figur soll übergangslos aus dem Tanzen heraus entstehen und in den Tanz auch wieder einfließen. Rock 'n' Roll-Anfänger machen sehr oft den Fehler, sich gleich mit spektakulärer Akrobatik zu beschäftigen. Ein Überschlag zum Beispiel ist relativ leicht zu erlernen; doch es ist äußerst schwierig, ihn in den Tanz einzubauen.

Die Halbakrobatik ist ein Teilbereich der Akrobatik. Darunter versteht man grundsätzlich einfache Hebefiguren, bei denen aus eigener Kraft und mit Hilfe des Partners Sprünge, Lifts und anderes getanzt werden. Die einfachen Figuren sollen im Anfangsstadium die Tänzer nicht überfordern. Trotzdem gehört zu jeder Ausführung einer Figur neben der genauen Kenntnis der Technik, vor allem Konzentration, das heißt, vom Eingangsschritt bis zum erneuten Tanzen im Grundschritt muß eine absolute Einstellung auf den Partner gegeben sein. (Eine genaue Definition der turniermäßigen Halbakrobatik finden Sie in dem entsprechenden Kapitel des Turnier-Rock 'n' Rolls.) Da für manche dieser Figuren nur wenige Voraussetzungen notwendig sind, entstehen oft durch Lässigkeit oder Nichtbeachten von scheinbar unwichtigen technischen Details Fehler, die dann zu unnötigen Unfällen führen können.

Im allgemeinen gibt es bei jeder akrobatischen Figur irgendwelche technischen Kniffe, die – soweit möglich – hier mit angegeben werden, so daß eine sichere Ausführung gewährleistet ist.

Grundvoraussetzung für eine sichere und gute Akrobatik ist die Harmonie im Paar, ein synchroner Eingangsschritt mit sicherer Vorbereitung und Führung durch den Herrn, sowie eine ständige Spannung (nicht Verkrampfung) im gesamten Körper beider Partner. Diese Spannung wird oft, was unverzeihlich ist, dadurch aufgegeben, daß die Ausführenden während der Akrobatik sprechen.

Es sollte das Grundprinzip eines jeden Rock 'n' Roll-Akrobaten sein, eine gründliche Aufwärmung, ohne Überforderung der Muskulatur, vor der ersten, auch noch so einfachen Akrobatik durchzuführen. Aus diesem Grunde werden vor der ersten halbakrobatischen Figur einige gymnastische Übungen angeboten. Man sollte aber, langfristig gesehen, seine Beweglichkeit durch ausgiebigere Gymnastik fördern (Hinweise auf weitere Bücher finden sich im Literaturverzeichnis im Anhang). Das gilt auch für die Kondition. Konzentrationsmangel ist zum großen Teil auf mangelnde Kondition zurückzuführen. Wer trotzdem akrobatische Höchstleistungen versucht, gefährdet verantwortungslos nicht nur seine eigene Gesundheit, sondern auch die des Partners oder der Partnerin.

Um schwierigere akrobatische Figuren zu erlernen ist eine dritte Person, die Hilfestellung leistet, unbedingt erforderlich.

## Gymnastische Vorbereitung

Jeglicher Akrobatik sollte zur Vorbeugung der Verletzungsgefahr ein Aufwärmen der Muskeln vorausgehen. Am einfachsten ist es, nach zwei oder drei Plattentiteln Rock 'n' Roll zu tanzen, natürlich ohne Akrobatik. Ein Aufwärmen der Muskeln wird durch Bewegen und Lockern aller wichtigen Muskelpartien erreicht. Zu Beginn sollte man sich von oben nach unten durcharbeiten, das heißt zuerst den Kopf, dann die Arme, die Hüfte und die Beine mit einfachsten Übungen bewegen. Speziell für Akrobatik im Rock 'n' Roll empfiehlt es sich, paarweise gymnastische Übungen auszuführen. Diese sind auch hervorragend geeignet, sich an den Partner zu gewöhnen, um Gleichgewicht zu halten oder gleichzeitig zu springen.

# Halbakrobatik

## Beispiele für Übungen

**Knieschwebestand:** Der Herr nimmt eine leichte Seitgrätschstellung ein. Die Dame steigt mit Hilfe des Herrn auf dessen Oberschenkel.
1. Gleiche Blickrichtung: Dabei streckt sich die Dame gut nach vorne und wird vom Herrn an den Knien gehalten. Die Dame steht aufrecht.

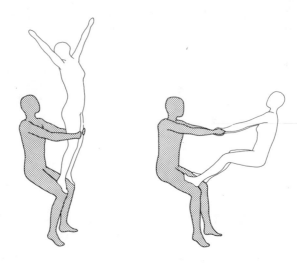

2. Gegenüber: Gegenseitige Fassung einer oder beider Hände. Dame und Herr lehnen sich so weit zurück, daß die Arme gestreckt sind.

**Verkehrter Reiter:** Der Herr steht waagerecht nach vorn gebeugt. Die Dame sitzt auf dem Rücken des Herrn, ihr Rücken ist seinem Rücken zugewandt. Die Dame beugt sich mit gestreckten Armen nach vorn, bis sie in einer Art Shalom-Bewegung mit den Händen den Boden berührt. Ihre Beine strecken sich – rechts und links an den Beinen des Partners vorbei – diesem mit den Fersen entgegen (siehe Zeichnung Seite 75 oben). Der Herr drückt die Dame an den Fersen wieder nach oben, bis sie wieder im verkehrten Reitersitz auf dem waagerechten Rücken des Herrn sitzt. Abgang durch Abrutschen: Dazu richtet sich der Herr langsam auf.

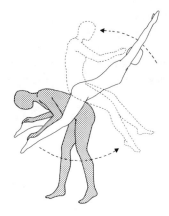

**Wiegemesser:** Dame und Herr stehen Rücken an Rücken, Arme ineinander gehakt.
1. Gegengleiches Vorbeugen des Rumpfes. Der Partner liegt entspannt auf dem Rücken.

2. In dieser Haltung hebt und streckt der gehobene Partner die geschlossenen Beine nach oben.
3. Dame und Herr stehen Rücken an Rücken. Der Herr umfaßt die Dame an den Handgelenken. Dann beugt er sich vor, die Arme in Hoch-

# Halbakrobatik

halte bis zum Berühren des Bodens mit den Händen. Abgang der Dame durch Handstand mit Überschlag.

**Tragen im Flechtergriff:** Der Herr verschränkt die Hände im Rücken, die Dame steigt mit einem Fuß hinein, hält sich mit beiden Händen an

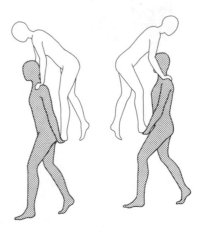

den Schultern des Herrn. Der Herr beginnt langsam zu gehen, steigert die Bewegung bis zum Laufen. Die Dame kann versuchen, sich nur mit einer Hand oder gar nicht festzuhalten.
Die gleiche Übung kann auch vor dem Körper des Herrn gemacht werden.

**Schultersitzübung:** 1. Aufsteigen von hinten. Der Herr behält die Hände zum Flechtergriff rücklings gefaßt.
Die Dame steigt von hinten mit einem Fuß in die verschränkten Hände zum Sitz auf die Schulter des Herrn auf.
2. Aufsteigen von vorne. Gegenüberstellung im Kreuzgriff (rechts über links).

Die Dame steigt mit dem linken Fuß auf den gebeugten linken Oberschenkel des Herrn, schwingt mit einer halben Linksdrehung das rechte Bein über die rechte Schulter und hebt das linke Bein in den Schultersitz nach.

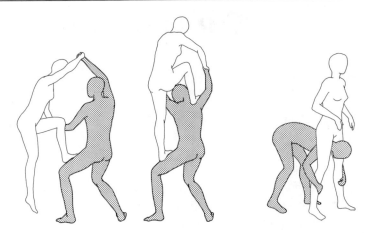

3. Aufsteigen zum Schultersitz. Die Dame steht vor dem Herrn mit leicht gegrätschter Beinstellung. Der Herr beugt sich nach vorne, nimmt den Kopf zwischen die Beine der Dame und hält sie an beiden Unterschenkeln fest. Durch das Aufrichten des Herrn wird die Dame in die Schultersitzposition gehoben.

**Salto vorwärts:** Diese Übung ist nur mit zwei Helfern durchzuführen. Die Herren stehen in Gegenüberstellung und fassen die in der Mitte stehende Dame (Ellbogen angewinkelt) mit einer Hand in der Ellbeuge, mit der anderen Hand am Oberarm. Nach zweimaligem gemeinsamen Anwippen springt die Dame ab und macht eine Rolle vorwärts mit Anhokken bis in Stirnnähe. Diese Rolle ist auch rückwärts mit entsprechendem Griffwechsel der Helfer möglich.

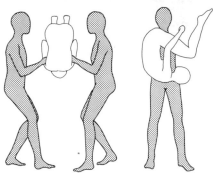

# Halbakrobatische Figuren

## Lasso

Ausgangsposition:

Dame an der rechten Seite des Herrn, gleiche Blickrichtung (oder Dame in rechtem Winkel zum Herrn).
Rechte Herrenhand unter der linken Achsel der Dame. Linke Herrenhand und rechte Damenhand gefaßt, wobei die Dame ihren rechten Arm (durchgedrückt) an ihre rechte Seite hält.

| | | Herr | Dame |
|---|---|---|---|
| | 1 | LF rw | RF rw |
| | 2 | RF vw | LF vw |
| ① | 3 | LF schließt zum RF, leicht ins Knie gehen | RF schließt zum LF, leicht ins Knie gehen |
| ②<br>③<br>④ | 4–6 | Dame mit beiden Armen hochheben und mit einer Drehbewegung (1/2 Drehung) in Gegenüberstellung wieder absetzen | Mit der linken Hand auf der rechten Schulter des Herrn abdrücken und hochspringen |

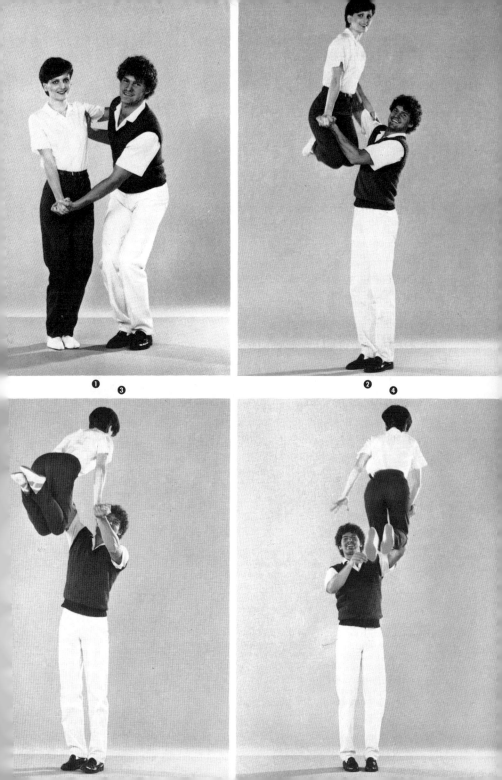

❶ ❸

❷ ❹

# Hocke (Po-Lasso)

Ende:

in Gegenüberstellung, linke Herrenhand, rechte Damenhand gefaßt.

Führung:

Die Drehung der Dame ist Sache des Herrn. Die Dame konzentriert sich auf das Hochspringen, wobei sie versucht, besonders den Anfang mit ihrer eigenen Sprungkraft zu meistern. Erst dann setzt die volle Kraft des Herrn ein. Das Gleichgewicht hält die Dame durch den durchgedrückten rechten Arm und durch das Abdrücken mit der linken Hand auf der rechten Schulter des Herrn.

Tips zum Üben:

Es empfiehlt sich, zuerst nur das Hochspringen zu üben und dabei zu versuchen, die Dame oben festzuhalten. Erst wenn hier einige Höhe erreicht ist, sollte die Drehung dazukommen.
Es gibt verschiedene Arten von Lasso. Auch die nächste Figur ist eine Art Lasso (Hocke). Wird die Figur »Platzwechsel Tor« mit einem Sprung für die Dame getanzt, wobei der Herr die Dame an ihrem rechten Arm über seinen Kopf hebt, so bezeichnet man diese Figur als Arm-Lasso.

# Hocke (Po-Lasso)

Ausgangsposition:

offene Gegenüberstellung, rechte Herrenhand und rechte Damenhand gefaßt (Kralle).

|   | Herr | Dame |
|---|------|------|
| ① **1** | | RF rw |
| **2** | | LF schräg vw |
| **3** | Der Herr tanzt den Grund-<br>schritt von 1–5 | RB Kick |
| ② **4** | | RF vw |
| **5** | | LB Kick |

❶

❷

81

# Hocke (Po-Lasso)

| | | Herr | Dame |
|---|---|---|---|
| ③ | **6** | RF schließt zum LF (betont ins Knie gehen) | LF schließt zum RF, leicht ins Knie gehen (bei 2–6 tanzt die Dame mit 1/2 RD einen Bogen um den Herrn. Bei 6 steht sie an seiner linken Seite, gleiche Blickrichtung wie der Herr) |
| ④ ⑤ | **7–8** | Der Herr hebt die Dame mit der linken Hand an ihrem rechten Oberschenkel in Gegenüberstellung zurück | Absprung (1/2 RD) und Landung in Gegenüberstellung vor dem Herrn |

❸

❹

Ende:

offene Gegenüberstellung, rechte Herrenhand und rechte Damenhand
gefaßt.

Führung:

Der Herr führt die Dame zwischen 2 und 6 in einem Bogen um sich
herum an seine linke Seite. Bei 6 liegt der rechte Damenarm über seiner
Schulter. 7–8, der Herr unterstützt den Sprung der Dame mit seiner linken Hand an ihrem rechten Oberschenkel und führt die gefaßten rechten
Hände über seinen Kopf.

**❺**

# Kniesitz

### Kniesitz einfach

Ausgangsposition:

Dame an der rechten Seite des Herrn, beide gleiche Blickrichtung (oder im rechten Winkel zueinander).
Rechte Herrenhand an der rechten Seite (Taille) der Dame. Linke Herrenhand und rechte Damenhand gefaßt. Linke Damenhand liegt auf der rechten Schulter des Herrn.

**❶**

| | Herr | Dame |
|---|---|---|
| **1** | LF rw | RF rw |
| **2** | RF am Platz belasten | LF am Platz belasten |
| **3** | LF (kleiner Schritt) sw (Grätschstellung) | RF schließt zum LF leicht ins Knie gehen |
| **4** | Dame auf den rechten Oberschenkel setzen, dabei rechts leicht ins Knie gehen. LF zur Seite strecken | Auf den rechten Oberschenkel des Herrn springen. Linke Schulter zeigt zum Herrn, Knie sind angezogen, so daß die Dame mit den Schienbeinen auf dem Oberschenkel des Herrn sitzt |
| **6—8** | Zurückheben der Dame in die Ausgangsposition. (Mit Arm- und Hüftbewegung) | Abdruck vom rechten Oberschenkel des Herrn. Zurückspringen, beidbeinige Landung |

(Zur linken Spalte, bei Zeile 4, steht am Rand das Symbol ①)

Ende:

Nebeneinanderstellung, gleiche Blickrichtung.
Diese Figur ist auch mit einer halben Drehung linksherum auf 6—8 für die Dame zu tanzen, so daß die Dame am Ende in Gegenüberstellung vor dem Herrn landet.

# Kniesitz

## Doppelter Kniesitz

1. Teil wie beim einfachen Kniesitz, dabei eine halbe Linksdrehung am Ende (bei 7–8).

Endposition nach dem 1. Teil:

Gegenüberstellung, Dame leicht nach rechts versetzt.

| | | Herr | Dame |
|---|---|---|---|
| ① | **9–10** | Dame auf den rechten Oberschenkel heben, dabei leicht ins Knie gehen | Dame springt auf rechten Oberschenkel des Herrn. Rechte Schulter zeigt zum Herrn |

**❶**

| Herr | Dame |
|------|------|
| ② **11–12** Dame wegheben und in Gegenüberstellung führen | Dame drückt sich vom Oberschenkel des Herrn ab und springt zurück in Gegenüberstellung |

Endposition nach dem 2. Teil:

offene Gegenüberstellung, linke Herrenhand und rechte Damenhand gefaßt.

Tips zum Üben:

Beim doppelten Kniesitz empfiehlt es sich, zuerst den einfachen Kniesitz mehrmals zu üben, dann den zweiten Sprung (9–12). Wenn beide Teile einzeln funktionieren, so sind sie von 1–12 zusammenzusetzen und durchzutanzen.

❷

# Durchziehen

Ausgangsposition:

Doppelhandhaltung, an den Handgelenken gefaßt. (Vor dem Zufassen zeigen die rechten Handflächen von Dame und Herr nach oben und ihre linken Handflächen nach unten.)
Jede andere Doppelhandhaltung ist möglich aber nicht so günstig.

|   |   | Herr | Dame |
|---|---|------|------|
| ① | 1 | LF rw | RF rw |
|   | 2 | RF am Platz belasten | LF am Platz belasten |
|   | 3 | LF (kleiner Schritt) vw | RF schließt zum LF, Einnehmen der Hockstellung |
| ② | 4–5 | 1/2 LD, dabei schwingt das rechte Bein über den Kopf der Dame | gehockte Position halten |

❶  ❷

88

|   |       | Herr                                                                                        | Dame                                                                                                                                                                                                                          |
|---|-------|---------------------------------------------------------------------------------------------|-------------------------------------------------------------------------------------------------------------------------------------------------------------------------------------------------------------------------------|
| ③ | **6**   | RF belasten Grätschstellung (gefaßte Hände zwischen den Beinen des Herrn)                 |                                                                                                                                                                                                                               |
| ④ | **7–10** | Dame zwischen den Beinen durchziehen und je nach Schwung hochheben und drehen              | Dame legt sich leicht zurück und läßt sich mit den Füßen zuerst zwischen den Beinen des Partners durchziehen. Möglichst gespannte Körperhaltung (Kopf zurücknehmen).                                                            |
| ⑤ |       |                                                                                             | Bei 9–10 springt die Dame hoch in eine 1/2 LD                                                                                                                                                                                 |

❸

❹

❺

89

# Hüftsitz

Gegenüberstellung in Doppelhandhaltung.

Führung:

Wichtig ist für diese Figur die korrekte Handhaltung zu Beginn. Achten Sie darauf, daß, bevor Sie sich an den Handgelenken festhalten, die rechte Handfläche nach oben und die linke nach unten zeigt. Nur so ist gewährleistet, daß nach dem Durchziehen und Drehen die Dame wieder in Doppelhandhaltung vor dem Herrn steht.

Variationsmöglichkeiten:

Beim Durchziehen kann die Dame nur mit einem Bein durch die gegrätschten Beine des Herrn gleiten. Der andere Fuß ist schräg nach oben weggestreckt.

# Hüftsitz

Ausgangsposition:

offene Gegenüberstellung, die Dame faßt den Herrn mit Flechtergriff im Nacken. Der Herr hält die Dame mit beiden Händen am Hüftknochen.

90

|  | Herr | Dame |
|---|---|---|
| **1** | LF rw | RF rw |
| **2** | RF am Platz belasten | LF am Platz belasten |
| **3** | LF leicht sw | RF schließt zum LF, leicht ins Knie gehen |
| ① ② **4–6** | Dame auf die linke Hüfte setzen (Oberschenkel) | Sprung zum Sitz auf die linke Hüfte des Herrn (Oberschenkel), Beine geschlossen und gestreckt im rechten Winkel zum Oberkörper |

❶

❷

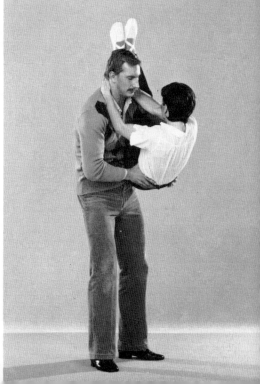

# Hüftsitz

|   | | Herr | Dame |
|---|---|------|------|
| ③<br>④ | **7–8** | Dame von der linken Seite an die rechte Seite (Hüfte oder Oberschenkel) schwingen | Herumführen der Beine zum Hüftsitz an die rechte Seite des Herrn (Oberschenkel). Beine gestreckt halten |
|   | **9–10** | Dame in Ausgangsstellung zurückheben | Anziehen der Knie bis zur Hocke, zurückspringen in Gegenüberstellung, beidbeinige Landung |

❸ ❹

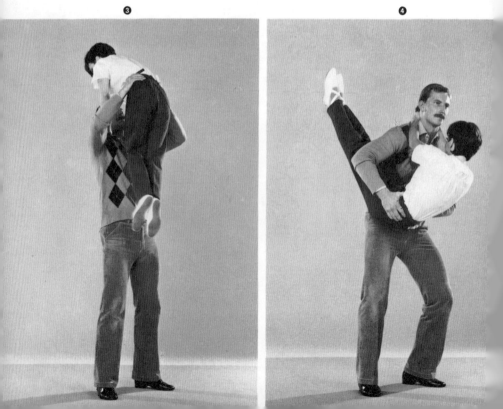

Ende:

offene Gegenüberstellung.

Führung:

Die in der Ausgangsposition zum Hüftsitz beschriebene Handhaltung wird beim fortgeschrittenen Tänzer erst auf dem dritten Schritt eingenommen. Beim Wechsel von der rechten auf die linke Seite (7–8) drückt die Dame mit beiden Armen auf die Schulter des Herrn. Ebenso bei 9–10 beim Abgang.

Anmerkung:

Bei schneller Musik oder bei verzögertem Wechsel von rechts nach links ist diese Figur auf zwölf oder vierzehn Taktschläge auszudehnen. Außerdem ist es möglich, die Dame zwischen dem Hüftsitz links und rechts in Gegenüberstellung abzusetzen.

# Grätsche (Grätschsitz)

Ausgangsposition:

offene Gegenüberstellung, Handhaltung wie beim Hüftsitz.

|  |  | Herr | Dame |
|---|---|---|---|
|  | **1** | LF rw | RF rw |
|  | **2** | RF am Platz belasten | LF am Platz belasten |
|  | **3** | LF leicht sw<br>leichte Grätschstellung | RF schließt zum LF,<br>leicht ins Knie gehen |
| ①<br>② | **4–6** | Dame auf die Hüften setzen.<br>Hüften leicht zurücknehmen<br>(Oberkörper nach vorne<br>beugen) | Sprung mit gegrätschten<br>Beinen zum Sitz auf die<br>Hüften des Herrn |
| ③ | **7–10** | aufrichten,<br>Hochheben der Dame | Abdrücken mit beiden Armen<br>und Anziehen der Knie<br>bis zur Hocke in der Luft,<br>beidbeinige Landung |

**❶**

**❷**

Ende:

offene Gegenüberstellung.

Führung:

Der fortgeschrittene Tänzer nimmt wie beim Hüftsitz die Handhaltung erst auf dem dritten Schritt ein. Die Dame drückt sich mit beiden Unterarmen von den Schultern des Herrn bei 7—8 ab.

Tips zum Üben:

Es empfiehlt sich, zu Beginn vor und nach jeder halbakrobatischen Figur einen Grundschritt zu tanzen. Es ist auch besser, diesen Teil zuerst ohne Musik zu üben. Man sollte aber dabei in Gedanken die Taktschläge mitzählen. Bei Üben mit Musik ist besonders darauf zu achten, daß es nahtlos und ohne Stop mit dem Tanz weitergeht (im Takt natürlich).

# Akrobatik

*Zweifacher Weltmeister der Rock 'n' Roll-Profis Gabi Roider und Johann Ratberger beim Todessturz. Weltmeisterschaft 1980, Zirkus-Krone-Bau, München.*

Hier gilt alles, was bereits bei der Einführung in die Halbakrobatik beschrieben ist. Das Wichtigste ist, eine akrobatische Figur niemals ohne Hilfestellung zu tanzen, solange sie noch nicht beherrscht wird. Zum Üben empfiehlt es sich, zur Sicherheit Matten oder ähnliches zu verwenden.

Akrobatik sollte nur mit einem eingetanzten Partner getanzt und geübt werden. Das richtige Schuhwerk (Turnschuhe, Gymnastikschuhe) ist Voraussetzung, denn es gewährleistet, daß der Herr den richtigen Halt hat, die Dame beim Ab- und Aufsprung nicht rutscht. Straßenkleidung ist zur Akrobatik ebenfalls nicht geeignet. Zu empfehlen sind Gymnastikanzüge, Trainingsanzüge, leichte dehnbare Kleidung. Schmuck, wie Halskettchen, Ohrringe oder andere spitze, harte Gegenstände wie Gürtelschnallen usw. sind vor der Akrobatik zu entfernen. Akrobatik gehört nicht auf die volle Tanzfläche eines Ballsaales oder einer Diskothek. Um die Verletzungsgefahr möglichst auszuschließen, ist das Üben unter Anleitung eines Trainers, eines Tanzlehrers am besten. Eine akrobatische Figur erlernt man leichter über einzelne Etappen. (Zum Beispiel erst heben, dann drehen usw.) Gerade bei der Akrobatik spielt die Technik eine große Rolle. Der richtige Griff, das Heben und die Drehungen im entscheidenden Augenblick, erleichtern die Sache ungemein und lassen die getanzte Figur spielerisch leicht aussehen. Akrobatik im Rock 'n' Roll-Tanz muß nicht unbedingt Schwerstarbeit für den Herrn sein, durch die Technik und eine gewisse Sprungkraft der Dame kann der Herr seine Kraft im entscheidenden Augenblick einsetzen. Somit gewinnt nicht selten eine akrobatische Figur an Höhe.

Wichtiger als die akrobatische Figur sind die Ein- und Ausgänge. Denn Tanz und Akrobatik sollen harmonieren.

Aus den verschiedensten akrobatischen Figuren wurden die fünf gängigsten herausgesucht. Weitere und schwierigere akrobatische Figuren finden Sie beim Turnier-Rock 'n' Roll, Kapitel » Akrobatik«.

Die Namen für die verschiedenen akrobatischen Figuren sind in den einzelnen Ländern und sogar innerhalb Deutschlands verschieden. Wir halten uns mit unserer Namensgebung an die Bezeichnungen, wie sie der DRRV in seiner Figurenbeschreibung verwendet.

Auf eine Zählweise wird außer bei Ein- und Ausgängen in den nachfolgenden akrobatischen Figuren verzichtet, da je nach Temperament, Höhe und Tempo der Musik eine akrobatische Figur verschieden lang getanzt werden kann. Sie können eine akrobatische Figur immer innerhalb der geraden Taktschläge beenden. Also bei 4, 6, 8, 10, 12 usw., so daß der Tanz wieder bei 1 begonnen wird.

Bevor nun die fünf gängigsten akrobatischen Figuren beschrieben werden, noch einmal eine Zusammenfassung der wichtigsten Punkte. Prägen Sie sich diese gut ein:

# München

1. Gymnastisch vorbereiten.
   Aufwärmen, unter Anleitung trainieren.

2. Nur mit eingetanztem Partner üben.

3. Nur in geeigneter Kleidung und entsprechenden Schuhen üben.

4. Bei schwierigen Figuren ist eventuell eine weitere Person zur Hilfestellung erforderlich.

5. Hilfsmittel verwenden (Matten).

6. In Etappen üben.

7. Nicht auf voller Tanzfläche tanzen.

8. Akrobatik nur dann trainieren, wenn beide Partner völlig gesund sind und eine entsprechende Konzentration gewährleistet werden kann.

9. Während der Akrobatik nicht sprechen.

10. Eine akrobatische Figur niemals abbrechen. Auch wenn die Figur einmal nicht klappt, sollte sie auf jeden Fall zu Ende geführt werden.

# München

Der »München« ist die sicherste Art eines Überschlages. Aufgrund der kompakten Tanzhaltung sollte er vom ungeübten Rock 'n' Roll-Tänzer auf alle Fälle zuerst probiert werden.
Bei dieser Figur sollte – wie auch bei allen anderen Figuren – zu Anfang immer eine Person zur Hilfestellung da sein. Später, wenn die Figur einmal beherrscht wird, ist das nicht mehr notwendig.

Ausgangsposition:

Gegenüberstellung, der Herr legt die rechte Hand auf die linke Schulter
der Dame. Seine linke Hand liegt von oben auf der rechten Schulter oder
dem rechten Oberarm der Dame. Die Dame legt die rechte Hand auf die ①
linke Schulter des Herrn. Ihre linke Hand liegt auf dem rechten Unterarm
des Herrn.

| | Herr | Dame |
|---|---|---|
| **1** | LF rw | RF rw |
| **2** | RF am Platz belasten | LF vw |
| **3** | LF vw | RB Kick |

**❶**

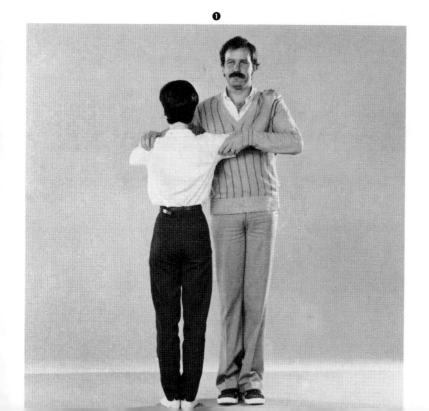

# München

2

3

4

| | Herr | Dame | |
|---|---|---|---|
| **4** | RF zur Seite. Der Herr schiebt seine rechte Hüfte hinter die rechte Hüfte der Dame, geht dabei leicht ins Knie und hebt die Dame mit der Hüfte in einen Rückwärtssalto. Der rechte Oberarm des Herrn, um den sich die Dame dreht, bleibt möglichst waagerecht. Die Handhaltung beider Partner bleibt bis über den Scheitelpunkt des Wurfes bestehen. Danach kann der Herr die Haltung der rechten Hand lösen. Die Drehung der Dame unterstützt der Herr mit der rechten Schulter und dem rechten Oberarm. Am Ende der Drehung setzt der Herr die Dame vor sich ab | RF schließt zum LF Die Dame führt eine Rolle rw über den Rücken des Herrn aus. Sie zieht die Knie an, macht einen runden Rücken. Zur Landung werden die Beine wieder gestreckt. Die Dame kann die Handhaltung nach Überwindung des Scheitelpunktes sowohl rechts als auch links lösen | ② ③ ④ |

Ende:

offene Gegenüberstellung, linke Herrenhand, rechte Damenhand gefaßt.

Hilfestellung:

Der Hilfestellung Leistende steht links neben der Dame; er hält mit seiner rechten Hand von oben die linke Armbeuge der Dame und unterstützt mit der linken Hand die Drehbewegung der Dame an ihrem linken Oberschenkel.
Der München kann auch auf der linken Seite des Herrn getanzt werden. Außerdem kann auch die Dame den Herrn werfen.

# Sagi

Der Sagi ist die Weiterentwicklung des Münchens, der eigentlich gebräuchlichste Überschlag. Vom Ablauf her wird er genauso getanzt wie der München, durch die andere Handhaltung jedoch ist es möglich, den Wurf flüssiger, höher und spektakulärer auszuführen.

Ausgangsposition:

offene Gegenüberstellung, linke Herrenhand und rechte Damenhand sind in »verkehrter Tanzhaltung« gefaßt.

① (Die Finger des Herrn liegen zwischen den Fingern und dem Daumen der Dame, so daß beim Zufassen die beiden Daumen überkreuzt sind.) Diese Handhaltung wird als »Sagi-Haltung« bezeichnet.

Ende:

Gegenüberstellung, linke Herrenhand und rechte Damenhand gefaßt.

Hilfestellung:

wie beim München.

Der Sagi kann genauso auf der linken Seite des Herrn getanzt werden. Außerdem kann die Dame auch den Herrn werfen.

❶         ❷         ❸

|   | Herr | Dame |
|---|------|------|
| **1** | LF rw | RF rw |
| **2** | RF leicht vw | LF vw |
| **3** | LF vw | RF schließt zum LF |
| **4** | RF zur Seite, (Grätschstellung). Der Herr schiebt seine rechte Hüfte hinter die rechte Hüfte der Dame, umfaßt mit seiner rechten Hand von vorne die linke Seite der Dame. Er geht dabei leicht ins Knie. Der Herr hebt die Dame durch Streckung der Knie und Hüftbewegung sowie durch Anheben des rechten Oberarmes in den Rückwärtssalto. Die Drehung gewinnt durch Hochdrücken der linken Hand an Höhe. | Die Dame steht hinter dem Herrn. Sie springt mit beiden Beinen nach oben ab, durch schnelles und kräftiges Anziehen der Knie leitet sie den Rückwärtssalto ein. Der linke Damenarm liegt auf dem rechten Oberarm des Herrn. Die rechte Damenhand drückt kräftig gegen die linke Herrenhand (höherer Wurf), Vor Vollendung der Drehung streckt die Dame die Beine aus und landet beidbeinig auf den Fußballen |

②
③
④
⑤
⑥

❹

❺

❻

# Normaler Überschlag

Ausgangsposition:

Dame und Herr stehen im rechten Winkel zueinander. Die rechte Schulter der Dame zeigt zum Herrn. Der rechte Unterarm des Herrn liegt in
① Taillenhöhe im Rücken der Dame. Dabei faßt die rechte Herrenhand die linke Damenhand. Die linke Herrenhand und die rechte Damenhand sind so gefaßt, daß der Damenarm einen rechten Winkel bildet. Die Dame hat die Füße geschlossen, der Herr steht in einer leichten Grätschstellung.

| Herr | Dame |
|---|---|
| ② Der Herr hebt die Dame mit dem rechten Arm in den ③ Rückwärtssalto. Durch die kompakte Haltung (linker ④ Herrenarm und rechter Damenarm) gewinnt besonders im 2. Teil der Damendrehung die Figur entscheidend an Höhe. Hat die Dame die Drehung fast vollendet, so löst der Herr die Haltung der rechten Hand | Die Dame springt mit geschlossenen Füßen hoch, zieht die Knie an und führt einen Rückwärtssalto aus. Sie drückt dabei mit ihrer linken Hand die rechte Herrenhand an ihre linke Seite. Der rechte Damenarm wird stabil gehalten, damit der Herr durch Gegendrücken die Drehung unterstützen kann. Vor Vollendung der Drehung streckt die Dame die Beine wieder aus und landet mit geschlossenen Füßen auf Fußballen |

Ende:

Gegenüberstellung, linke Herrenhand und rechte Damenhand gefaßt.

Hilfestellung:

wie beim München.

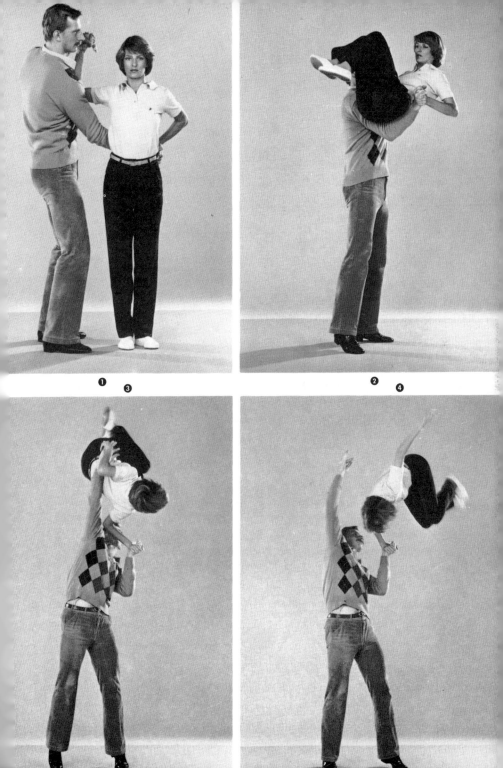

# Knieüberschlag

Ausgangsposition:

Die Dame steht an der rechten Seite des Herrn, beide in gleicher Blickrichtung. Der Herr faßt mit seiner rechten Hand vor dem Körper der
① Dame an ihre rechte Seite. Die Dame legt ihre linke Hand auf die rechte Schulter des Herrn. Die rechte Hand liegt auf dem rechten Oberarm des Herrn.

|   | Herr | Dame |
|---|------|------|
| 1 | LF rw | RF rw |
| 2 | RF am Platz belasten | LF am Platz belasten |
| 3 | LF schließt zum RF (leichte Grätschstellung) | RF schließt zum LF |
|   | Anschließend hebt der Herr mit dem rechten Oberschenkel die Dame in den Rückwärtssalto. Die Drehung der Dame wird unterstützt durch eine Aufwärtsbewegung des rechten Oberarmes und der rechten Schulter des Herrn. Gegen Ende der Drehung löst der Herr die rechte Handhaltung an der rechten Seite der Dame | Die Dame springt hoch und zieht die Knie an. Sie führt einen Rückwärtssalto über den rechten Arm des Herrn aus. Nach der Drehung öffnet die Dame ihre gehockte Haltung und landet beidbeinig. Während der Drehung muß die Dame die Haltung mit ihrer rechten Hand lockern |

② ③

Ende:

wie Ausgangsposition.

Hilfestellung:

Der Hilfestellung Leistende steht an der rechten Seite der Dame. Er faßt mit der linken Hand von oben an den Oberarm der Dame. Mit der rechten unterstützt er die Drehbewegung am rechten Oberschenkel der Dame. Hebt der Herr die Dame mit der linken Hand (anstelle des Knies oder Oberschenkels) in die Drehung, so heißt diese Figur »Italiener«.

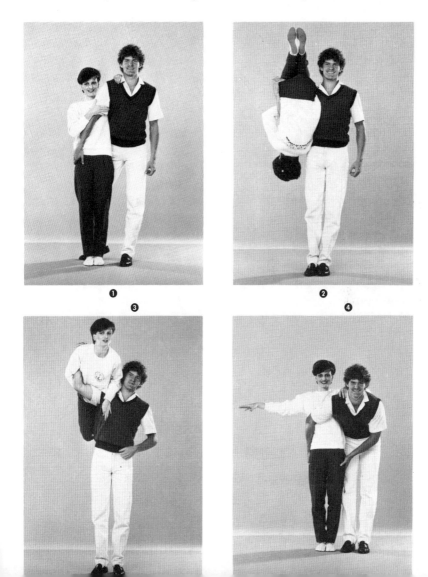

# Überschlag Rücken an Rücken

Dieser Überschlag wird leider oft als der einfachste angesehen und von Laien ohne die entsprechende Sachkenntnis probiert. Ein exakter Bewegungsablauf und Spannung im Körper der Dame sind für diese Figur Voraussetzung.

Ausgangsposition:

Rücken an Rücken, Arme in Hochhalte. Der Herr faßt beide Hände oder Handgelenke der Dame. Der Herr hat leichte Grätschstellung, die Dame hat die Füße geschlossen.

| Herr | Dame |
|------|------|
| Der Herr geht leicht ins Knie und schiebt sein Gesäß unter das Gesäß der Dame. Er hält die Dame mit den gefaßten Händen hoch und beugt den Oberkörper nach vorne. Wenn die Dame den Scheitelpunkt überwunden hat, richtet der Herr den Oberkörper auf. Um mehr Höhe zu erreichen, kann er mit beiden Armen die Dame nach oben wegdrücken | Die Dame führt eine Rückwärtsrolle über den Rücken des Herrn aus. In der ersten Phase der Drehung ist sie stark angehockt. Auf dem höchsten Punkt der Drehung kann sie in die Streckung des ganzen Körpers übergehen. Die Dame landet beidbeinig auf Fußballen, in Gegenüberstellung vor dem Herrn |

① ② ③ ④ ⑤

Ende:

Gegenüberstellung, Doppelhandhaltung.

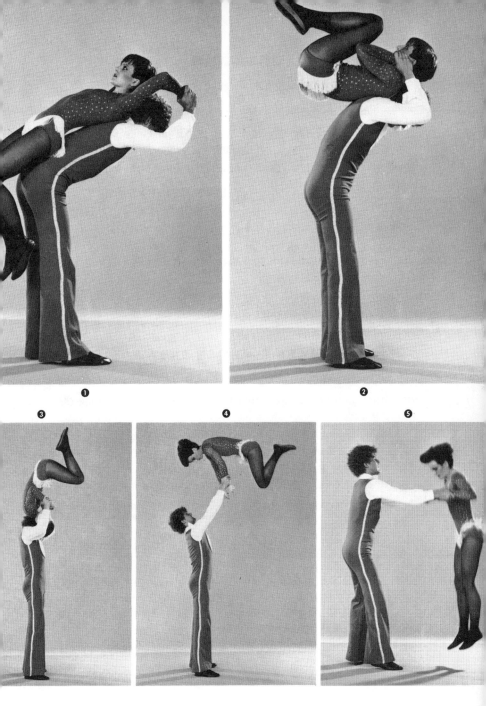

# Aufbau von Tanzfolgen

Hilfestellung:

Der Hilfestellung Leistende steht an der rechten Seite der Dame und faßt mit seiner rechten Hand von oben an den rechten Unterarm der Dame. Die linke Hand ist bereit, die Drehung zu unterstützen oder bei etwaigem Abrutschen zuzugreifen.

Tips zum Üben:

Vor und nach einer akrobatischen Figur sollte zu Anfang immer ein Grundschritt getanzt werden.

# Aufbau von Tanzfolgen

Am Anfang und nach dem Erlernen einer neuen Figur sollte die Folge möglichst klein sein,
    Grundschritt, 1. Figur, Grundschritt, 2. Figur,
    Grundschritt und dann wieder von vorne.
Erst wenn diese Reihenfolge auch mit Musik und im angemessenen Tempo klappt, kann man eine weitere Figur anhängen.

Zum Üben der einzelnen Figuren empfehlen sich folgende Kombinationen:

1. Grundschritt, *Promenade (Schulterfasser),* zurückdrehen, Grundschritt.
2. Grundschritt, *Platzwechsel,* Grundschritt, *Platzwechsel,* usw.
3. Grundschritt, *American Spin,* Platzwechsel, *American Spin,* Platzwechsel, usw.
4. Grundschritt, Platzwechsel, *Flirt,* Platzwechsel.
5. Grundschritt, Flirt, *Brezel,* American Spin.
6. Grundschritt, *Windmill,* Platzwechsel.
7. Grundschritt, Flirt, *Toe Heel,* Grundschritt.

8. Grundschritt, Dame dreht an die rechte Seite des Herrn (wie Schulterfasser) nur rechte Herrenhand und linke Damenhand gefaßt, *Sprinter,* American Spin für beide, Dame dreht zurück vor den Herrn.
9. Grundschritt, 1/2 Linksdrehung der Dame, *Tausendfüßler,* 1/2 Rechtsdrehung der Dame.
10. Grundschritt, Dame dreht an die linke Seite des Herrn (gleiche Blickrichtung wie Herr), *La Bamba,* Linksdrehung für die Dame zurück vor den Herrn.
11. Grundschritt, Platzwechsel, *Schiebetür,* American Spin.

## Für den Anfänger

Erster Folgenvorschlag:
Grundschritt, Schulterfasser, Dame unter dem rechten Arm zurückdrehen (American Spin), Platzwechsel unten, Platzwechsel oben und wieder von Anfang mit Grundschritt.

Zweiter Folgenvorschlag:
Grundschritt, American Spin geführt mit der linken Hand, am Ende Handwechsel, Dame wie beim Schulterfasser hinter den Herrn führen, Drehung für beide (American Spin), Platzwechsel Tor und wieder von Anfang.
Die beiden Vorschläge können auch hintereinander getanzt werden.

## Für den Fortgeschrittenen

Hier dürfen wir Ihnen einige Folgen vorschlagen, mit denen Sie bei einwandfreiem Vortanzen auch das Deutsche Rock 'n' Roll-Abzeichen in Bronze erreichen können.
1. Grundschritt, American Spin der Dame mit Handwechsel, Dame hinter den Herrn führen (wie beim Schulterfasser), American Spin für

# Aufbau von Tanzfolgen

    beide, Platzwechsel, Windmill, Platzwechsel, Schiebetür, Flirt, Brezel, Linksdrehung für die Dame.

2. Grundschritt, Platzwechsel, Schiebetür, Flirt, Toe Heel, Brezel, Schulterfasser, American Spin für beide, Sprinter.
3. Grundschritt, Windmill, Toe Heel, Linksdrehung für die Dame, Tausendfüßler, Rechtsdrehung für die Dame, Platzwechsel oben (Dame ganze Drehung) für den Herrn, La Bamba zweimal, Zurückdrehen der Dame unter dem linken Herrenarm.

## Mit Akrobatik

1. Grundschritt, Dame an die rechte Seite führen, Lasso, Platzwechsel, Kniesitz, Platzwechsel.
2. Grundschritt, Hocke, American Spin, Durchziehen, Platzwechsel.
3. Grundschritt, Hüftsitz links, Hüftsitz rechts, Grätsche, Grundschritt.
4. Grundschritt, München, Platzwechsel, Sagi, Platzwechsel.
5. Grundschritt, Schulterfasser, Knieüberschlag zweimal, Dame unter dem rechten Arm zurückdrehen (American Spin).
6. Grundschritt mit Doppelhandhaltung, Dame eindrehen, Normaler Überschlag, Grundschritt.
7. Grundschritt, Platzwechsel, eine halbe Linksdrehung für den Herrn, eine halbe Rechtsdrehung für die Dame, Rücken an Rücken, Grundschritt.

# Turnier-Rock 'n' Roll

Die Entwicklung des Wettkampfsports geschah vollkommen eigenständig, das heißt man kann die Rock 'n' Roll-Turniere, die in den 70er Jahren erst richtig begonnen haben, nicht als eine Renaissance der 50er Jahre bezeichnen. Die Musik, die in ihrer Beliebtheit, ähnlich wie der Swing eines Glenn Millers oder Louis Armstrongs, wohl unvergänglich sein wird, war der Motor für die Entwicklung. Aber ganz sicher waren für die Jugendlichen ähnliche Beweggründe wie in den 50er Jahren ausschlaggebend. Dieses Mal war es das »Andere« beziehungsweise das »Besondere«, nicht das »Revolutionäre« sondern eher das »Spektakuläre«, was das Rock 'n' Roll-Tanzen mit Sprungschritt und Akrobatik so reizvoll machte.

Akrobatik brachte neben Faszination und Temperament noch eine sportliche Variante, die der jugendlichen Dynamik entspricht. Da die sportliche Seite Höchstleistungen und damit verbunden, hohen Einsatz forderte, beschränkte sich die Zahl der Rock 'n' Roll-Sportler bald auf einen kleineren Kreis innerhalb der großen Clique der Hobby-Rock 'n' Roller. Der Schweizer René Sagarra brachte anfangs der 70er Jahre den Rock 'n' Roll mit seinem gesprungenen Schritt nach Deutschland. Zu dieser Zeit wurde bei Rock 'n' Roll-Turnieren, die in Tanzschulen oder Diskotheken abgehalten wurden, noch meist der flache Schrittsatz getanzt. Der Deutsche Rock 'n' Roll-Verband (DRRV), der am 13. 12. 1975 gegründet wurde, nahm sehr bald an Größe und vor allem Bedeutung zu, da er von Anfang an ein Reglement (jetzt Turnier- und Sportordnung genannt) und ein Bewertungssystem als Grundlage für alle Turniere schuf. Mittlerweile hat er mehr als 150 Klubs als Mitglieder und ist damit der größte nationale Rock 'n' Roll-Verband.

Innerhalb des europäischen Dachverbandes der European Rock 'n' Roll-Association (ERRA) spielt der deutsche Verband nicht nur seiner Größe wegen eine bedeutende Rolle, sondern auch auf Grund der Tatsache, daß die beiden ersten Präsidenten der ERRA die deutschen Vertreter sind. Die Führungsposition spiegelt sich auch darin wider, daß sich die meisten anderen europäischen Verbände in ihrem Reglement und Bewertungssystem am deutschen orientieren.

# Grundtechnik

Die Turnier- und Sportordnung stellt das Kernstück der einzelnen nationalen Verbände innerhalb der ERRA dar. Sie versucht einen sportlich fairen Wettkampf auf Amateur- und Profiebene getrennt zu organisieren. Andere Verbände hatten kein System dieser Art (und haben teilweise auch heute noch keines), das die Interessen von Amateuren und Professionals berücksichtigt. Beim DRRV legt das Turniersystem eine unabhängige Profiklasse und drei Amateurklassen (früher als Kategorie bezeichnet) fest. In der untersten Amateurklasse (C) beginnt man und steigt dann durch bestimmte Erfolge (Erreichen von bestimmten Plätzen oder einer gewissen Anzahl von Siegen über andere Paare) in die nächsthöhere B-Klasse auf. Ebenso erfolgt der Aufstieg in die A-Klasse. In den beiden unteren Klassen ist die Akrobatik begrenzt, was durch eine Figurenbegrenzung (Bestandteil der Turnier- und Sportordnung) festgelegt ist. Die akrobatischen Figuren der A-Klasse haben nur insofern eine Begrenzung, als daß sie in den Tanz nahtlos integriert werden müssen. Dies gilt auch für die Profiklasse. Um sich ein besseres Bild von der Turnierszene machen zu können, sollte man die Turnier- und Sportordnung lesen; sie ist bei der Geschäftsstelle des DRRV, Schützenstr. 8, 8000 München 2, erhältlich.

# Grundtechnik

Im Wettkampf ist der 9er-Grundschritt obligatorisch, das heißt, es muß Sprungschritt getanzt werden, da man einen flachen mit einem gesprungenen Schrittsatz schon wegen des unterschiedlichen Konditionsaufwandes nicht vergleichen beziehungsweise bewerten könnte. Das bedeutet, daß alle Grundschritttechniken und deren Variationen erlaubt sind, bei denen die Sprungschrittdefinition erfüllt ist.

114

# Definition des Sprungschrittes

Der Sprungschritt ist das sichtbare Lösen oder Verrutschen des Standbeines, während das andere Bein (Spielbein) zum Beispiel einen Kick ausführt.

Diese Definition wurde bei einem Trainerseminar festgelegt, bei dem die wichtigsten Vertreter aus mehreren europäischen Ländern anwesend waren.

Beim Tanzen des 9er-Grundschrittes oder seinen Variationen sollte man generell folgendes beachten:

Das Gewicht liegt zum größten Teil immer auf den Ballen der Füße, wobei der Fuß relativ flach am Boden bleibt; eine leichte Bodenberührung der Ferse ist möglich.

Die Fuß-, Knie- und Hüftgelenke sind immer so locker (jedoch nie ohne Spannung), daß sie die Bewegungen der Beine ausgleichen, um den Oberkörper trotz Hüpfbewegung ruhig zu halten.

Der Oberkörper und Kopf bleiben aufrecht und gerade. Sie sollten die Hüpfbewegungen nicht sichtbar machen.

Die Arme sind immer kontrolliert, d. h. sie hängen oder »baumeln« nie. Die gefaßten Hände bilden den tiefsten Punkt der leicht durchhängenden Arme. Die freien Arme hingegen führen bei jedem ersten Kick eines Grundschrittes eine betonende Bewegung aus. Dies kann zum Beispiel das seitliche waagrechte Strecken sein; in der restlichen Zeit werden sie getragen (etwa leicht angewinkelt am Körper oder frei seitwärts).

Die perfekte Beherrschung dieser Punkte zeichnet den guten Tänzer aus; sie läßt ihm auch mehr Spielraum für Variation der Grundtechnik und für das Gestalten der tänzerischen Darbietung.

Die Rock 'n' Roll-Musik ist im 4/4-Takt geschrieben. Sie hat somit die Betonung beim 1. und 3. Taktschlag, bei letzterem weniger stark. Das Charakteristische ist aber die Afterbeatakzentuierung, das heißt, eine zusätzliche Betonung der Taktschläge 2 und 4, die aus dem Bereich des Jazz vom Shufflerhythmus kommt.

Auffallend ist, daß die in der Musiktheorie festgelegte Betonung eines 4/4-Taktes immer von der Melodieführung eingehalten wird, und die Synkopierung nur durch Rhythmus- oder zum Beispiel durch Baßinstrumente geschieht.

115

# Grundtechnik

Ein Tänzer, der mit der Musik tanzt, sollte nun die Betonung der Bewegung (Kick) und die Betonung der Musik zeitlich zur Deckung bringen. Dabei stellt sich ihm am Anfang die Frage, ob er nun die gewöhnliche Betonung oder die Afterbeatakzentuierung als Maßstab nimmt. Da in allen Tänzen, auch in den lateinamerikanischen mit ihrer starken Polyrhythmik, die Bewegungen immer auf die Betonung im Sinne der Musiktheorie erfolgt, ist es auch im Rock 'n' Roll so üblich.

Es gibt dafür zwei klare Gründe:

Der erste ist, daß man den 1. Taktschlag eigentlich nicht festlegen könnte, wenn die Afterbeatakzentuierung gleichberechtigt mit der eigentlichen Betonung wäre; wie könnte man denn sonst behaupten, daß Taktschlag 2 und 4 betont sind, wenn man nicht zuvor den Taktschlag 1 an seiner Betonung erkannt hätte?

Der zweite Grund ist die Erfahrung mit den Tänzern, die auf das Taktgefühl geschult wurden. Diese tanzen immer im Takt (sie betonen bei Taktschlag 1 und 3), wenn sie es einmal erfühlt haben. Andere dagegen wechseln ständig die Betonung (sie tanzen ihren Kick einmal auf 1 und 3 und wenige Takte später auf 2 und 4), was bei den im Takt geschulten Tänzern ein »inneres Unwohlsein« hervorruft.

Eine weitere wichtige Frage ist die Bestimmung der Geschwindigkeit der Musik. Es gibt entweder die Möglichkeit die Anzahl der Taktschläge oder der Takte zu zählen. Dies muß dann in einer bestimmten Zeiteinheit geschehen. Für diese Einheit hat sich in allen Tänzen eine Minute eingebürgert, das heißt man nimmt eine Uhr und zählt genau eine Minute lang die Anzahl der Takte der jeweiligen Musik. Somit gibt man die Geschwindigkeit in Takte pro Minute an, ähnlich Kilometer pro Stunde. Musiker von Bands sind dagegen mehr die Bezeichnung »Taktschläge pro Minute« gewohnt, da sie diese auf ihrem *Metronom* einstellen können; das ist aber kein Problem, da im Rock 'n' Roll immer vier Taktschläge pro Takt vorkommen.

In den nachfolgenden Beschreibungen der verschiedenen Grundschritte sind zwei Grundbewegungen, der Kick und der Hop charakteristisch. Diese beiden Bewegungen sollen zunächst definiert werden:

116

## Definition der Kickbewegung

Die Kickbewegung erfolgt in vier Phasen:

1. Phase: Ausholen.

Der Oberschenkel des Spielbeines (Kickbein) wird angehoben (maximal waagrecht), dabei hängt der Unterschenkel locker nach unten (ein zusätzliches Abwinkeln im Knie ist möglich, aber nicht notwendig). ①

2. Phase: Kick.

Das »Fallenlassen« jedoch nicht Durchdrücken des gesamten Spielbeines in seine maximale Länge (das ganze Bein bildet am Endpunkt der Bewegung eine gerade Linie, die schräg nach unten zeigt). ②

3. Phase: Anheben (zum Absetzen).

Das Spielbein geht fast bis zur Endposition der Ausholbewegung zurück. ③

4. Phase: Belasten (beziehungsweise Absetzen).

Das Spielbein wird wieder unter den Körper abgesetzt und übernimmt das Gewicht. ④

❶      ❷

❸      ❹

# Grundtechnik

## Definition des Hop

Entsprechend der Sprungschrittdefinition führt das Standbein während einer Kickbewegung des Spielbeines zwei kleine Sprünge aus. Ein Sprung dieser Art wird mit »Hop« bezeichnet.

Während der Ausholbewegung (1. Phase) des Spielbeines erfolgt durch das Standbein aus Fuß-, Knie- und Hüftgelenk heraus die Aufwärtsbewegung des Hop. Die Abwärtsbewegung (das heißt die Landung auf dem Standbein) erfolgt zusammen mit dem Kick (2. Phase). Der gleiche Bewegungsablauf des Hop wiederholt sich bei der 3. und 4. Phase der Kickbewegung.

Der Hop kann einmal so ausgeführt werden, daß das Standbein seine Position nicht ändert (es muß nur eine deutliche Loslösung vom Boden sichtbar werden). Bei der zweiten Möglichkeit wird das Standbein durch den Hop nur so weit entlastet, daß es von der Stelle rutschen kann; man bezeichnet diesen Vorgang als »Slip«. Dies muß ebenfalls deutlich sichtbar sein.

In den Richtlinien des Allgemeinen Deutschen Tanzlehrer-Verbandes (ADTV) ist außerdem der Begriff »Kick« und auch der Begriff »Flick« genau festgelegt; diese Definitionen können aber auf den Rock 'n' Roll nicht angewandt werden, da es sich um einen Sprung beim Kick, nicht aber um die dort beschriebene flache Ausführung handelt.

## Hinweis

Die Fotos zeigen Dame und Herr in Nebeneinanderposition, um die Bewegung der Beine besser darstellen zu können. Denkt man sich die Dame um ein Viertel nach links und den Herrn um ein Viertel nach rechts gedreht, so gelangen sie zur eigentlichen offenen Gegenüberstellung.

# 9er-Grundschritt

Der 9er-Grundschritt, der schon beim Hobby-Rock 'n' Roll beschrieben wurde, soll hier noch einmal unter den Aspekten des Turnierwettkampfes detaillierter erläutert werden.

| | Zählweise | Rhythmus | Herr | | Dame | |
|---|---|---|---|---|---|---|
| ① | + | 1/16 | LB Ausholbewegung (zum Kick) | } RB Hop | RB Ausholbewegung zum Kick | } LB Hop |
| ② | 1 | 3/16 | LB Kick sw | | RB Kick sw | |
| ③ | + | 1/16 | LF leicht rw (RF leicht anheben) | | RF leicht rw (LF leicht anheben) | |
| ④ | 2 | 3/16 | RF am Platz belasten | | LF am Platz belasten | |

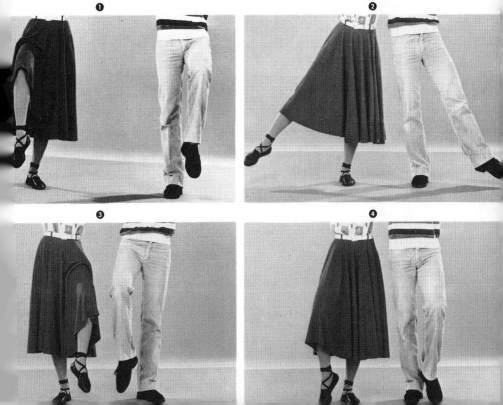

❶ ❷ ❸ ❹

# 9er-Grundschritt

| Zählweise | Rhythmus | Herr | | Dame | |
|---|---|---|---|---|---|
| ⑤ + | 1/16 | LB Aushol-bewegung (zum Kick) | RB Hop | RB Aushol-bewegung (zum Kick) | LB Hop |
| ⑥ **3** | 3/16 | LB Kick vw | | RB Kick vw | |
| ⑦ + | 1/16 | LB anheben (zum Absetzen) | RB Hop | RB anheben (zum Absetzen) | LB Hop |
| ⑧ **4** | 3/16 | LF am Platz belasten | | RF am Platz belasten | |

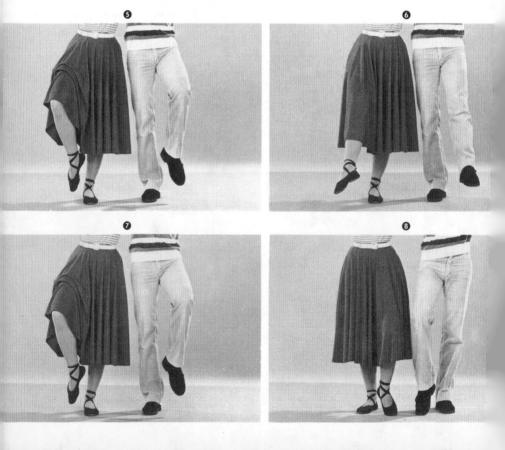

❺ ❻

❼ ❽

| Zählweise | Rhythmus | Herr | | Dame | | |
|---|---|---|---|---|---|---|
| + | 1/16 | RB Aushol-bewegung (zum Kick) | LB Hop | LB Aushol-bewegung (zum Kick) | RB Hop | ⑨ |
| **5** | 3/16 | RB Kick vw | | LB Kick vw | | ⑩ |
| + | 1/16 | RB anheben (zum Absetzen) | LB Hop | LB anheben (zum Absetzen) | LB Hop | ⑪ |
| **6** | 3/16 | RF am Platz belasten | | LF am Platz belasten | | ⑫ |

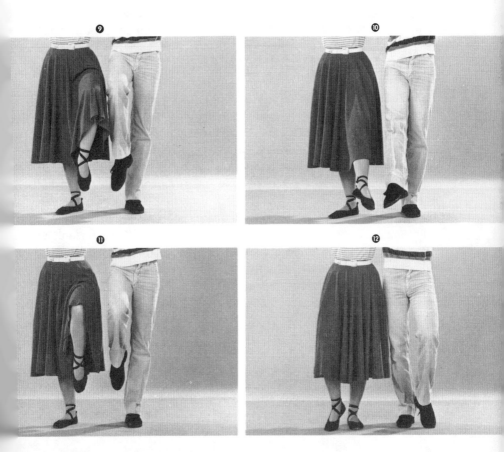

❾     ❿

⓫     ⓬

# 9er-Grundschritt

Die perfekte Beherrschung dieses Grundschrittes muß Voraussetzung sein für das Erlernen jeglicher Variation oder anderer Grundschritte.

Diese Form des Grundschrittes zeigt eine Betonung der Bewegung in Form des Kicks, worunter nur die 2. Phase der gesamten Kickbewegung (Streckung des Spielbeines) zu verstehen ist. Um nun im Takt zu tanzen, muß der Kick auf Taktschlag 1 oder 3 erfolgen.
Vom Bewegungsablauf her beginnt der Grundschritt mit dem letzten 1/16 des vorhergehenden geraden Taktschlages, wie nachfolgende Zeichnung veranschaulicht:

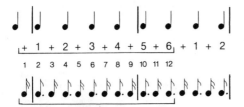

Takte und Taktschläge

Zählweise
Anzahl der Bewegungen

Grundschrittrhythmus

Die Zählweise »+« hat sich so eingebürgert, obwohl es im musiktheoretischen Sinne richtiger wäre »e« zu zählen, da es sich um 1/16-, nicht aber um 1/8-Taktschlag handelt. Für alle nachfolgenden Grundschritterklärungen soll diese Zählweise Grundlage sein.
Die Aufteilung in 12 Einzelbewegungen, wie es die Tabelle des 9er-Grundschrittes und die dazugehörigen Fotos demonstrieren, haben diesem 9er-Grundschritt auch verschiedentlich den Namen 12er-Grundschritt gegeben. Dies ergab sich nur durch die Inkonsequenz einzelner, die Anzahl der Bewegungen, nicht aber wie festgelegt, die Anzahl der Bodenberührungen zu zählen. Einen Grundschritt mit 12 Bodenberührungen bekommt man, indem man den 8er-Grundschritt, also den Jive-Grundschritt der lateinamerikanischen Tänze in gesprungener Form, das heißt zusätzlich mit Hops tanzt.

## Kick Ball Change

Die englische Bezeichnung Kick Ball Change bedeutet übersetzt Kick-Fußballen-Gewichtswechsel und bezeichnet die für fast alle Grundschritte typischen Anfangsbewegungen. Diese Anfangsbewegungen sind bereits in der Tabelle des 9er-Grundschrittes beschrieben; dabei gilt folgende Zuordnung:

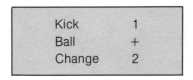

| | |
|---|---|
| Kick | 1 |
| Ball | + |
| Change | 2 |

Hierbei wird zwar die Ausholbewegung zum Kick unterschlagen, sie gehört aber selbstverständlich immer mit dazu.

Im folgenden wird Kick Ball Change als abkürzende Schreibweise für die gesamte Bewegung benutzt, da diese Bezeichnung in Fachkreisen ein allgemein bekannter Begriff ist.

## Variationen

Variationen ergeben sich zum einen durch die Richtungsänderung der Kickbewegungen (bei 3 beziehungsweise 5), oder zum anderen dadurch, daß das Absetzen beziehungsweise Belasten des Spielbeines (nach dem Kick) nicht am Platz, sondern vor oder hinter dem Standbein mit oder ohne Kreuzen ausgeführt wird. Eine dritte Möglichkeit ergibt die Änderung der Ausholbewegung. Dies wird hier von der Dame vor der ① ② ③ ④

# 9er-Grundschritt

Kick-Ball-Change-Bewegung praktiziert. Diese Möglichkeit ist im folgenden Beispiel stellvertretend für viele Varianten beschrieben.

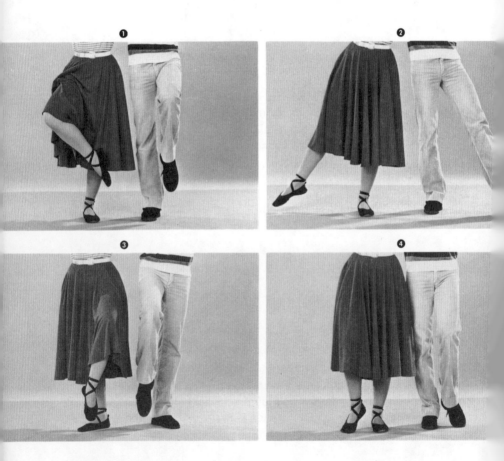

## Gekreuzter 9er-Grundschritt (auch Züri genannt)

| Zählweise | Rhythmus | Herr | Dame |
|---|---|---|---|
| + | 1/16 | | Rechter |
| **1** | 3/16 | wie 9er-Grundschritt | Unterschenkel |
| + | 1/16 | (Kick Ball Change) | kreuzt fast waagrecht |
| **2** | 3/16 | | vor linkes Knie |
| | | | RB Kick sw |
| | | | RF leicht rw |
| | | | (LF leicht anheben) |
| | | | LF am Platz belasten |
| ① + | 1/16 | LB Aushol-bewegung (zum Kick) ⎫ | RB Aushol-bewegung (zum Kick) ⎫ |
| ② **3** | 3/16 | LB Kick hoch, diagonal vw ⎬ RB Hop | RB Kick hoch, diagonal vw ⎬ LB Hop |
| ③ + | 1/16 | LB anheben (zum Absetzen) ⎫ RB Hop mit Vorwärtsrutschen | RB anheben (zum Absetzen) ⎫ LB Hop mit Vorwärtsrutschen |
| ④ **4** | 3/16 | LF kreuzt hinter RF ⎬ | RF kreuzt hinter LF ⎬ |
| ⑤ + | 1/16 | RB Aushol-bewegung (zum Kick) ⎫ | LB Aushol-bewegung (zum Kick) ⎫ |
| ⑥ **5** | 3/16 | RB Kick hoch, diagonal vw ⎬ LB Hop | LB Kick hoch, diagonal vw ⎬ RB Hop |
| ⑦ + | 1/16 | RB anheben (zum Absetzen) ⎫ LB Hop mit Vorwärtsrutschen | LB anheben (zum Absetzen) ⎫ RB Hop mit Vorwärtsrutschen |
| ⑧ **6** | 3/16 | RF kreuzt hinter LF ⎬ | LF kreuzt hinter RF ⎬ |

# 9er-Grundschritt

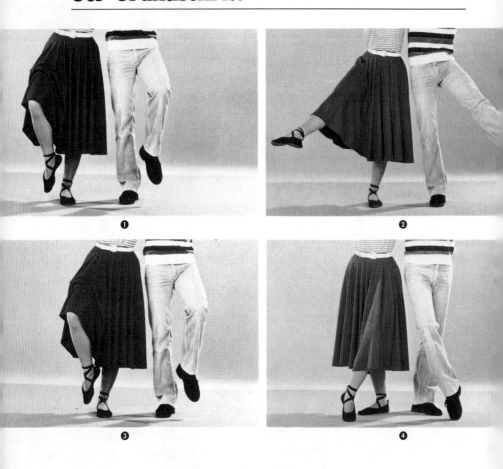

Bei dieser Version muß der Hop auf + 3 sowie auf + 5 an der Stelle (stationär), dagegen bei +4 und bei +5 mit Vorwärtsrutschen (Slip) ausgeführt sein.

Dadurch wird die Fortbewegung durch das Hinterkreuzen so egalisiert, daß der stationäre Charakter des Grundschritts erhalten bleibt.

Bei einigen Variationen ist es der Dame nicht mehr möglich, das Vorkreuzen des rechten Unterschenkels (zu Beginn eines jeden Grundschrittes) vor dem Kick Ball Change zu tanzen. Sie hat dann wieder den gegengleichen Bewegungsablauf zum Herrn.

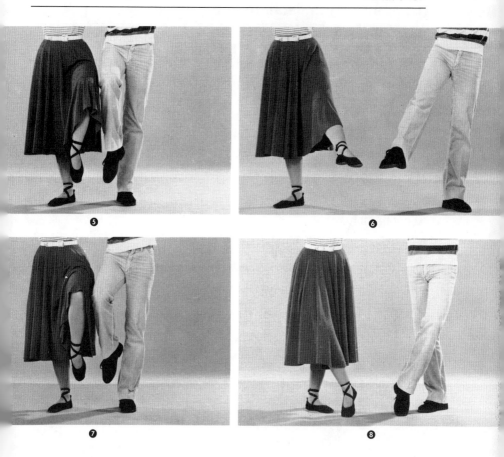

Dies ist zum Beispiel dann der Fall, wenn man bei dem oben beschriebenen Grundschritt das Hinterkreuzen durch Vorkreuzen ersetzt.
Die Namen der Grundschrittvariationen sind so vielfältig wie die Grundschritte selbst. Weil sich noch keine einheitlichen Namen durchgesetzt
haben, verzichten wir im allgemeinen auf eine Benennung der Variationen.

# Französischer Grundschritt
## (Doppelkickgrundschritt)

Der bekanntere Name »Französischer Grundschritt« hat keinen direkten Bezug zu seiner eigentlichen Bedeutung (wie die meisten Namen), die Bezeichnung »Doppelkick« dagegen ergibt sich aus der nachfolgenden Beschreibung.

Das markante Merkmal dieses Schrittes ist, daß in der gleichen Zeit, in der beim 9er-Schritt *eine* Kickbewegung ausgeführt wird (bei +3+4 sowie bei +5+6), *zweimal* »gekickt« wird. Da dieses Doppelkicken immer mit dem gleichen Bein erfolgt, muß man vom einen Bein auf das andere umspringen (zwischen 4 und 5 sowie zwischen 6 und 1, dem Anfang des nächsten Grundschrittes). Dadurch ergeben sich nur noch 7 Bodenberührungen.

Die Kick Ball Change-Bewegung wie beim 9er-Grundschritt bleibt für den Herrn erhalten, die Dame jedoch kann die Variation durch das Vorkreuzen des rechten Unterschenkels nicht ausführen. Sie hat somit (wie während des gesamten Grundschrittes) die gegengleichen, das heißt die spiegelbildlichen Bewegungen zum Herrn.

| | Zählweise | Rhythmus | Herr | Dame |
|---|---|---|---|---|
| | + | 1/16 | | |
| | **1** | 3/16 | wie 9er-Grundschritt (Kick Ball Change) | |
| | + | 1/16 | | |
| | **2** | 3/16 | | |
| ① | + | 1/16 | LB Ausholbewegung (zum Kick) | RB Hop |
| ② | **3** | 1/8 | LB Kick vw | |
| ③ | + | 1/8 | LB kleine Ausholbewegung (zum Kick) | RB Hop |
| ④ | **4** | 1/8 | LB Kick vw | |

Alle Bewegungen sind gegengleich, das heißt, spiegelbildlich zum Herrn

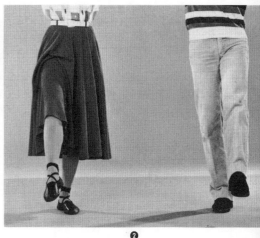

# Französischer Grundschritt

| Zählweise | Rhythmus | Herr | Dame |
|---|---|---|---|
| ⑤ + | 1/8 | RB Ausholbewegung (zum Kick) Umspringen auf den LF | } LB Hop |
| ⑥ 5 | 1/8 | RB Kick vw | |
| ⑦ + | 1/8 | RB kleine Ausholbewegung (zum Kick) | } LB Hop |
| ⑧ 6 | 3/16 | RB Kick vw | |

Das Umspringen, das auf Grund der Doppelkicks (Zählzeiten 3 bis 6) erfolgen muß, darf keinen Ruck nach oben oder unten sichtbar werden lassen. Damit der Oberkörper ruhig bleibt, muß das Umspringen sehr schnell und harmonisch im Rhythmus geschehen.

Durch eine leichte Gegenbewegung (des Oberkörpers) zu dem jeweils kickenden Bein entsteht eine gewisse tänzerische Eleganz. Auch bei den Doppelkicks soll die Streckung des gesamten Beines inklusive der Fußspitze zu einer geraden Linie führen. Entscheidend für eine gute Ausführung der Doppelkicks ist die wesentlich kleinere Ausholbewegung beim zweiten Kick des Doppelkicks gegenüber der beim 9er-Grundschritt.

❺

❻

❼

❽

# Französischer Grundschritt

## Variationen

Hier werden die Variationen fast ausschließlich durch die Richtungsänderung der Kickbewegungen bestimmt. Aus der Vielfalt dieser Möglichkeiten wird wiederum ein Beispiel herausgegriffen.

Französischer Grundschritt mit Diagonalkicks

| | Zählweise | Rhythmus | Herr | Dame |
|---|---|---|---|---|
| | + | 1/16 | | |
| | 1 | 3/16 | wie 9er-Grundschritt | |
| | + | 1/16 | (Kick Ball Change) | |
| | 2 | 3/16 | | |
| ① | + | 1/16 | LB Ausholbewegung (zum Kick) ⎫ | |
| ② | 3 | 1/8 | LB Kick diagonal über Kreuz ⎬ RB Hop | |
| ③ | + | 1/8 | LB kleine Aushol- bewegung (zum Kick) ⎫ | |
| ④ | 4 | 1/8 | LB Kick diagonal vw (nach außen) ⎬ RB Hop | |
| ⑤ | + | 1/8 | RB Ausholbewegung (zum Kick) Umspringen auf LF ⎫ LB Hop | |
| ⑥ | 5 | 1/8 | RB Kick diagonal über Kreuz | |
| ⑦ | + | 1/8 | RB kleine Aushol- bewegung (zum Kick) ⎫ | |
| ⑧ | 6 | 3/16 | RB Kick diagonal vw (nach außen) ⎬ LB Hop | |

Alle Bewegungen sind gegengleich, das heißt spiegelbildlich zum Herrn

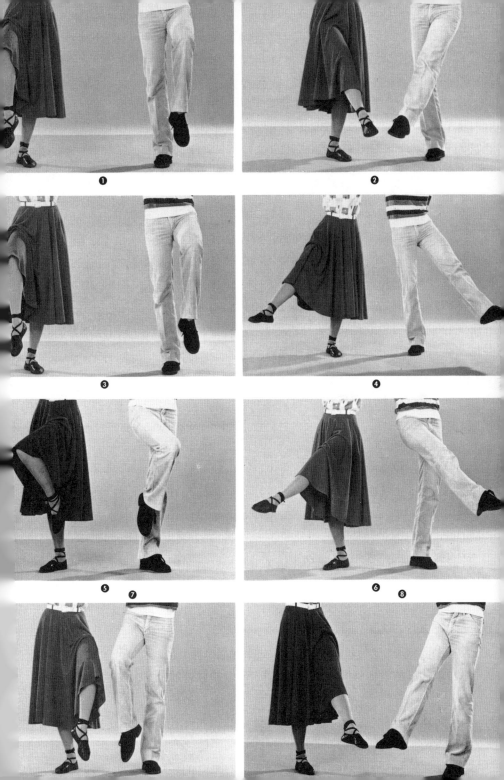

# Schweizer Grundschritt

Der Schweizer Grundschritt ist, genau betrachtet, eigentlich nur eine Variation des französischen Grundschrittes. Die optische Wirkung und der Bewegungsablauf sind aber sehr unterschiedlich und rechtfertigen deshalb eine eigene Darstellung. In seiner perfekten Ausführung zählt der Schweizer Grundschritt zu den schwierigsten Fußtechniken überhaupt.

| | Zählweise | Rhythmus | Herr | Dame |
|---|---|---|---|---|
| | + | 1/16 | | |
| | **1** | 3/16 | | wie 9er-Grundschritt |
| | + | 1/16 | | (Kick Ball Change) |
| | **2** | 3/16 | | |
| ① | + | 1/16 | Linken Unterschenkel anheben (Linkes Knie nach rechts) | RB Hop |
| ② | **3** | 3/16 | LB Kick nach rechts sw | |
| ③ | + | 1/16 | Linken Unterschenkel vor rechtem Knie kreuzen (Linkes Knie nach links) | RB Hop |
| ④ | **4** | 3/16 | LB Kick nach links sw | |

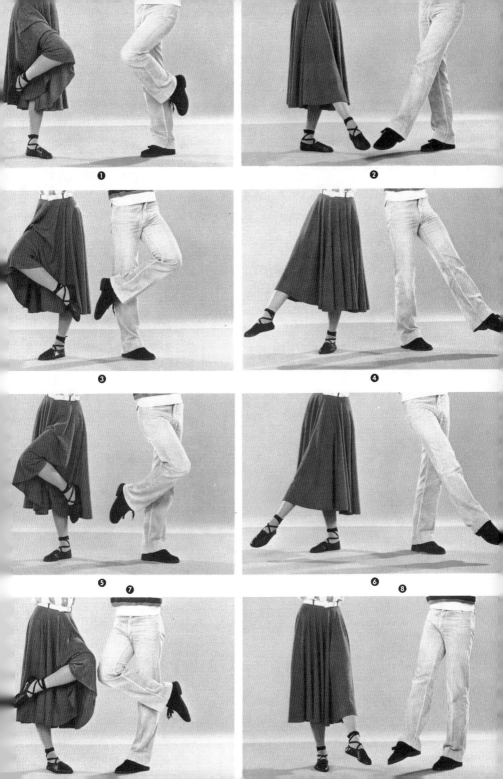

①
②
③
④
⑤ ⑦
⑥ ⑧

# Schweizer Grundschritt

| Zählweise | Rhythmus | Herr | Dame |
|-----------|----------|------|------|
| ⑤ + | 1/16 | Rechten Unter-schenkel anheben (Rechtes Knie nach links) Umspringen auf LF | LB Hop |
| ⑥ 5 | 3/16 | RB Kick nach links sw | |
| ⑦ + | 1/16 | Rechter Unter-schenkel vor linkem Knie kreuzen (Rechtes Knie nach rechts) | LB Hop |
| ⑧ 6 | 3/16 | RB Kick nach links sw | |

Der Rhythmus bei den Zählzeiten 3+4+5+ kann auch wie beim franzö-sischen Grundschritt aus sechs 1/8-Schlägen bestehen. Die ganzen Bewegungen während dieser Zeit sollten sich in einer Ebene recht-winklig zur Blickrichtung des Tänzers abspielen. Dazu ist es notwendig, daß beim Hop das Standbein bei jeder Zählzeit + bis zur Hüfte entspre-chend mitdreht.

Der Oberkörper sollte so ruhig wie möglich bleiben und auch keine Drehbewegungen ausführen; dies wird durch eine sehr gut bewegliche Hüfte erreicht.

### Variationen

Auf Grund seiner speziellen Form ergeben sich für den Schweizer Grundschritt keine weiteren Variationen.

# Pendelgrundschritt

Bei diesem Grundschritt wird eine der Kickbewegungen des 9er-Grundschrittes, die bei +3+4 oder bei +5+6 erfolgt, ersetzt durch eine Pendelbewegung. Diese Pendelbewegung, die sich deutlich vom »Kicken« unterscheidet, soll deshalb keinen kleinen Winkel im Knie entstehen lassen (je stumpfer der Winkel, desto besser).

Damit der Bewegungsablauf günstig wird, sollten diese Pendelbewegungen nur *eine* der oben beschriebenen Kickbewegungen ersetzen, nicht aber beide. Die andere Kickbewegung kann durch einen Doppelkick wie beim Französischen Grundschritt ersetzt werden. Die Pendelbewegung geschieht aus der Hüfte heraus, wobei immer zuerst das Bein auf einen Taktschlag locker nach vorn und auf den nächsten Taktschlag locker zurück schwingt.

| | Zählweise | Rhythmus | Herr | Dame |
|---|---|---|---|---|
| | + | 1/16 | | |
| | **1** | 3/16 | | wie 9er-Grundschritt |
| | + | 1/16 | | (Kick Ball Change) |
| | **2** | 3/16 | | |
| ① | **3** | 1/4 | ⎰ LB pendelt vw<br>⎱ RB Hop | RB pendelt vw<br>LB Hop |
| ② | **4** | 1/4 | ⎰ LB pendelt rw<br>⎱ RB Hop | RB pendelt rw<br>LB Hop |

❶

❷

# Pendelgrundschritt

| Zählweise | Rhythmus | Herr | Dame |
|---|---|---|---|
| ③ + | 1/16 | umspringen auf LF | umspringen auf RF |
| ④ **5** | 3/16 | | |
| ⑤ + | 1/16 | | wie bei Französischem Grundschritt |
| ⑥ **6** | 3/16 | | oder 9er-Grundschritt |

Beim Umspringen zwischen 4 und dem nächsten + sollte der zwischen den Oberschenkeln entstandene Winkel erhalten bleiben. Bei 3 und bei 4 gilt die Rhythmuseinteilung für den Hop, da die Pendelbewegung jeweils ein Viertel benötigt.

Wird die Pendelbewegung bei 5 und 6 ausgeführt (+3+4 wie beim französischen Grundschritt), kann die Dame vor dem Kick Ball Change den rechten Unterschenkel vorkreuzen.

**Variationen**

Da Variationen der Pendelbewegungen im allgemeinen keinen besonderen Effekt erzielen, wird auf eine Darstellung verzichtet.

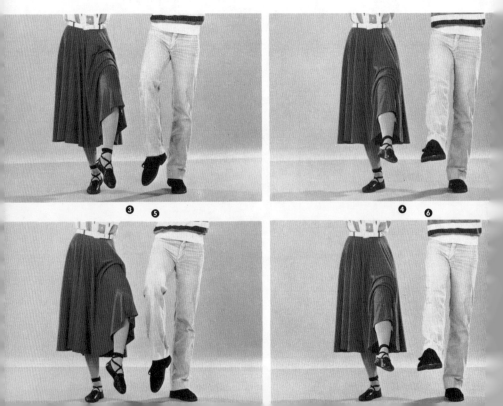

# Tapgrundschritt

Bei den Tapgrundschritten werden statt der beiden Kickbewegungen bei den Zählzeiten 3 bis 6 vier Tapbewegungen ausgeführt. Ein Tap ist das Aufsetzen eines Fußes, ohne daß dieser das Gewicht übernimmt, das heißt ein Schritt ohne Belastung. Eine besondere tänzerische Wirkung wird dadurch erzielt, daß beim Tap die Hacke oder die Fußspitze aufgesetzt wird. Das Aufsetzen von Ballen, Ferse oder ganzem Fuß bringt meistens keine optisch reizvolle Wirkung. Es ist im allgemeinen üblich, einen Tapgrundschritt so zu gestalten, daß bei +3+4 oder bei +5+6 oder bei 3 bis 6 auf jeweils einen Taktschlag ein Tap ausgeführt wird. Ein Beispiel soll die vielen Möglichkeiten mit dieser Grundschrittechnik zeigen.

| | Zählweise | Rhythmus | Herr | Dame |
|---|---|---|---|---|
| ① | + | 1/16 | | |
| ② | 1 | 3/16 | | wie 9er-Grundschritt |
| | + | 1/16 | | (Kick Ball Change) |
| | 2 | 3/16 | | |

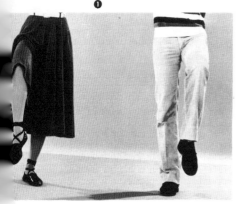

❶

❷

# Tapgrundschritt

| | Zählweise | Rhythmus | Herr | Dame |
|---|---|---|---|---|
| ① | + | 1/16 | LB Ausholbewegung (zum Tap) | |
| ② | 3 | 3/16 | LF diagonal vw, Tap mit Hacke | RB Hop |
| ③ | + | 1/16 | LF hinter rechtes Knie | |
| ④ | 4 | 3/16 | LF kreuzt hinter RF, Tap mit Fußspitze | RB Hop |
| ⑤ | + | 1/16 | RB Ausholbewegung (zum Tap) umspringen auf LF | |
| ⑥ | 5 | 3/16 | RF diagonal vw Tap mit Hacke | LB Hop |
| ⑦ | + | 1/16 | RF hinter linkes Knie | |
| ⑧ | 6 | 3/16 | RF kreuzt hinter LF Tap mit Fußspitze | LB Hop |

Alle Bewegungen sind gegengleich, das heißt spiegelbildlich zum Herrn

Um sofort wieder einen Grundschritt anhängen zu können, muß man Ende von 6 vom linken Fuß als Herr (als Dame vom rechten Fuß) abspringen, um bei 1 auf dem rechten Fuß zu stehen (Dame links). Das gleiche ist zwischen 4 und 5 vom rechten auf den linken Fuß für den Herrn (umgekehrt für die Dame) notwendig. Bevor die einzelnen Taps getanzt werden, kann mit der Aufwärtsbewegung des Hop eine kleine Ausholbewegung durch Anheben des Oberschenkels erfolgen, das heißt, mit jeder Abwärtsbewegung eines Hop wird der Tap ausgeführt. Der dargestellte Rhythmus berücksichtigt diesen Sachverhalt.

140

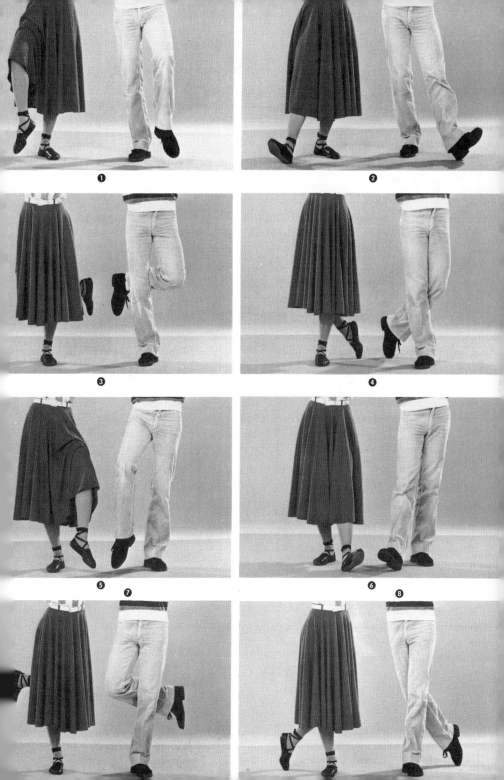

① ② ③ ④ ⑤ ⑥ ⑦ ⑧

# Anwendung der Grundschrittechniken

Die Darstellung von Grundschrittechniken ließe sich noch weiter fortsetzen, es sind jedoch die wichtigsten und gebräuchlichsten Schritte dargestellt.

Weitere Techniken kann man bei einem Rock 'n' Roll-Trainer erlernen. Oft handelt es sich dabei aber um individuelle Erfindungen, die – von jemandem kopiert – meist an Wirkung verlieren.

Es gibt weiterhin noch Varianten, wie etwa die Tanzfigur »Sprinter« (siehe »Hobby-Rock 'n' Roll«, Kapitel »Schwierige Tanzfiguren«), bei der der Grundschrittverbund mit der Zählweise 1 bis 6 aufgelöst ist. Dort wird die Tanzhaltung – und damit die Gegenüberstellung in eine Nebeneinander- oder Hintereinanderposition (Schattenposition) – sowie die Grundtechnik variiert.

Die dargestellten Grundtechniken sind von der Rhythmusstruktur her rein theoretisch auf alle Tanzfiguren, die im 9er-Grundschritt konzipiert sind, anwendbar. In der Praxis ist es jedoch so, daß in den meisten Fällen die verschiedenen Grundschritte und deren Variationen nur vom stationär (ohne Fortbewegung und ohne Drehung) Tanzenden angewandt werden können. Tanzt zum Beispiel die Dame einen »American Spin«, so wird sie kaum eine Grundtechnik außer der des 9er-Grundschrittes anwenden können, da sie ja zu drehen hat. Der Herr dagegen kann dabei sein stationäres Tanzen durch eine andere Grundtechnik interessanter gestalten. In dieser Gestaltung liegt die Hauptaufgabe der verschiedenen Schrittechniken.

# Tanzfiguren

Entsprechend der Vielfalt der Schritte und Figuren, gibt es ebenso unterschiedliche Tanzhaltungen. Die Grundtanzhaltung, mit der auch die meisten einfacheren Figuren durchgeführt werden, ist lediglich die gefaßte rechte Damen- und linke Herrenhand (siehe Kapitel »Tanzhaltungen«). Die freien Arme werden leicht angewinkelt und somit getragen; man läßt sie nie hängen. Die Grundposition oder Ausgangsposition der meisten Figuren nennt man »offene Gegenüberstellung« von Dame und Herr, wobei die Schultern etwa parallel zueinander sind, und der Abstand durch das lässige Durchhängen der gefaßten Hände beziehungsweise Arme bestimmt wird.

①

❶

# Tanzfiguren

Die gefaßten Hände gleiten immer ineinander, um alle möglichen Drehungen zu gewährleisten, das heißt, es wird nie fest zugefaßt, sondern die Hände bilden jede für sich einen Haken, der es etwa dem Herrn ermöglicht, die Dame zu führen.

②

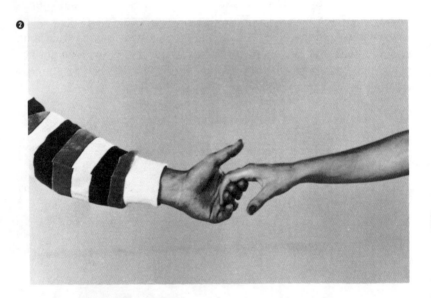

❷

Im Turniertanz hat es sich eingebürgert, daß alle Figuren nur auf einer Linie getanzt werden. Ein Paar das in der Grundtanzhaltung zu tanzen beginnt, legt durch die gedachte Gerade, die zwischen den Füßen von jeweils Herr und Dame verläuft, die Tanzlinie für den gesamten Tanz fest. Dies hat zum einen eine gewisse tänzerische Eleganz bei der Darbietung zur Folge, zum anderen ermöglicht diese Tanzweise jedem, der sich rechts und links dazugesellt, eine genaue Einschätzung, wo das Paar tanzt und eventuell seine Akrobatik ausführt.
Alle für den Hobby-Rock 'n' Roll beschriebenen Tanzfiguren werden in mehr oder weniger abgewandelter Form auch im Turnier getanzt. Die folgenden Figuren sollen das Repertoire erweitern. Gleichzeitig sind sie

144

Beispiele für etwas komplexere Figuren(verbindungen), wie sie beim Turniertanz üblich sind.

Hinweis:

Für die Beschreibung der folgenden Tanzfiguren wird immer die Zählweise wie beim Grundschritt verwendet. Dabei sollte man sich noch einmal die Dreiteilung eines Grundschrittes klarmachen:

| | | |
|---|---|---|
| 1. Teil: | 1+2 | (Kick Ball Change) |
| 2. Teil: | 3+4 | (z. B. Kick – Rutsch – Setzen) |
| 3. Teil: | 5+6 | (z. B. Kick – Rutsch – Setzen) |

Für diese drei Teile sind die Grundschrittaktionen genau festgelegt. Im folgenden wird jetzt nur noch die Fortbewegung und die Führung (beziehungsweise die Arme) beschrieben.

Falls nichts anderes beschrieben, ergänzen die freien Arme durch Strecken die Betonung im Grundschritt immer bei 1. Das Strecken der Arme (oder eine andere Art von Betonung der Armbewegung) kann in jede beliebige Richtung erfolgen.

# Tunnel (Großer Wickler)

Der Tunnel ist eine kompliziertere Wickelfigur und hat deshalb auch den Namen »Großer Wickler« (im Gegensatz zu einer einfacheren Wickelfigur, die »Kleiner Wickler« heißt).

<u>Vorher:</u> alle Figuren, die in der Grundposition enden.

<u>Ausgangsposition:</u> offene Gegenüberstellung (Grundposition).

### 1. Teil (Eingang)

| Zählweise | Herr | Dame |
|---|---|---|
| + | Am Platz | Am Platz |
| 1 | (Kick Ball Change) | (Kick Ball Change) |

❶

❷

| | Zählweise | Herr | Dame |
|---|---|---|---|
| ① | +<br>2 | RH hinter dem Rücken auf der linken Seite nach vorn strecken und LH der Dame fassen (ohne LH zu lösen) | LH in RH des Herrn legen (an dessen linke Seite) |
| ② | +<br>3<br>+<br>4 | Am Platz<br>LA hochheben<br><br>LA senken | vw unter dem RA<br>hinter den Rücken des Herrn |
| ③ | +<br>5<br>+<br>6 | Am Platz<br>RA hochheben<br><br>RA senken | rw unter dem LA<br>vor den Herrn<br>(an dessen rechte Seite) |

❸

# Tunnel (Großer Wickler)

## 2. Teil

| | Zählweise | Herr | Dame |
|---|---|---|---|
| ① | +<br>1<br>+<br>2 | Am Platz<br>(Kick Ball Change) | Am Platz<br>(Kick Ball Change) |
| ② | +<br>3<br>+<br>4 | RA hochheben<br>1/2 LD am Platz<br>unter dem RA<br>Am Ende RA senken | Am Platz<br>LA hochheben und am Ende<br>wieder senken |
| ③ | +<br>5<br>+<br>6 | Am Platz<br>LA hochheben, Dame unter<br>dem LA auf die rechte Seite<br>in Körbchenposition führen | RA hochheben, seitwärts<br>unter dem RA an<br>die rechte Seite des Herrn<br>in Körbchenposition |

❶

❷

❸

## 3. Teil

| Zählweise | Herr | Dame |
|-----------|------|------|
| + | Am Platz | Am Platz |
| 1 | (Kick Ball Change) | (Kick Ball Change) |
| + | | |
| 2 | | |
| + | LA hochheben, | RA hochheben, |
| 3 | 1/2 LD unter dem LA, | 1 RD unter dem RA, |
| ① + | mit dem RA die Dame in | am Ende RA senken |
| ② 4 | 1 RD unter dem LA führen, | |
| + | am Ende LA senken | |
| 5 | | |
| + | | |
| 6 | | |

(Hier kann wieder mit dem 1. Teil begonnen werden)

❶

❷

# Tunnel

## 4. Teil (Auflösung)

| Zählweise | Herr | Dame |
|---|---|---|
| + | Am Platz | Am Platz |
| 1 | (Kick Ball Change) | (Kick Ball Change) |
| + | | |
| 2 | | |
| + | Am Platz, | vw in einem Linkskreis |
| 3 | LH loslassen, mit | um den Herrn mit einer |
| ① + | der RH die Dame hinter | ganzen Drehung in |
| ② 4 | dem Rücken nach vorn in | offene Gegenüberstellung, |
| + | offene Gegenüberstellung | Grundposition mit der RH |
| 5 | bringen, Grundposition mit | einnehmen |
| + | der LH einnehmen | |
| 6 | | |

❶

Ende:

offene Gegenüberstellung (Grundposition).

Nachher:

alle Figuren aus offener Gegenüberstellung.
Während der ganzen Figur haben die Arme nur eine leichte Spannung
und sind nie steif oder durchgedrückt. Die Hände gleiten ständig ineinander und bilden nie einen festen Griff.
Bis auf den Anfang und das Ende sind immer beide Hände von Dame
und Herr gefaßt (sie werden auch zwischendurch nie gelöst).

❷

# Kasatschok

Kasatschok ist eine Figurenverbindung, bei der der Grundschrittverbund (mit seiner Zählweise von 1 bis 6) aufgelöst ist und nur noch beim Ein- und Ausgang verwendet wird.
Die Zählweise ist wie bisher; jede Zahl beschreibt einen Taktschlag.

Vorher:

alle Figuren, die in der Grundposition enden.

Ausgangsposition:

offene Gegenüberstellung (Grundposition).

### 1.Teil (Eingang)

| Zählweise | Herr | Dame |
|---|---|---|
| + | Am Platz | Am Platz |
| 1 | (Kick Ball Change) | (Kick Ball Change) |
| + | | |
| 2 | | |

❶

| Zählweise | Herr | Dame |
|---|---|---|
| + | LA hochheben, | RA hochheben, |
| 3 | 1/4 RD am Platz, | 3/4 LD unter dem RA, |
| + | Dame unter dem LA in | am Ende RH wie LH |
| 4 | 3/4 LD führen, | zwischen Daumen und |
| + | am Ende mit der RH die | Zeigefinger des Herrn |
| 5 | LH der Dame fassen | legen |
| + | (LH bleibt gefaßt) | |
| ① 6 | Alle Hände sind auf Augenhöhe | |

## 2. Teil

| | Zählweise | Herr | Dame |
|---|---|---|---|
| ① | + | LF Kick über Kreuz nach | |
| | 1 | rechts | |
| ② | + | LF Kick nach links sw | |
| | 2 | | |
| ③ | + | RF Kick über Kreuz nach links, | |
| | 3 | umspringen auf LF | |
| ④ | + | RF Kick nach rechts sw | Alle Bewegungen |
| | 4 | | sind spiegelbildlich, |
| ⑤ | + | LF Kick über Kreuz nach links | das heißt gegengleich |
| | 5 | umspringen auf RF | zum Herrn |
| ⑥ | + | LF Kick nach links sw | |
| | 6 | | |
| ⑦ | + | RF Kick über Kreuz nach links, | |
| | 7 | umspringen auf LF | |
| ⑧ | +⎫ | RF schließt zum LF | |
| | 8⎭ | | |

Dieser Teil entspricht der oben dargestellten Variation des französischen Grundschritts. Er kann mit oder ohne Hop getanzt werden.

❶  ❸    ❷  ❹

# Kasatschok

**3. Teil** (vergleiche Kapitel »Sprinter«)

| Zählweise | Herr | Dame |
|---|---|---|
| ① + <br> 1 | LH lösen, <br> 1/4 LD mit Hop auf RF, | |
| ② + <br> 2 | LF kreuzt hinter RF | |
| ③ + <br> 3 | RF kreuzt hinter LF, | |
| ④ + <br> 4 | LF Hop | Alle Bewegungen <br> sind gegengleich, |
| + <br> 5 | LF kreuzt hinter RF, <br> RF Hop | das heißt spiegelbildlich <br> zum Herrn |
| + <br> 6 | RF kreuzt hinter LF, <br> LF Hop | |
| + <br> 7 | wie +5 | |
| + <br> 8 | wie +6 | |

156

1   3          2   4

# Kasatschok

## 4. Teil (Kniefall)

| Zählweise | Herr | Dame |
|---|---|---|
| + ① 1 + 2 | RB gerade nach hinten strecken, linkes Knie stark beugen, mit Gewicht auf LF in die tiefe Hocke gehen (Oberkörper aufrecht) | |
| + ② 3 + 4 + 5 | Langsames Erheben im LB, RF langsam nachziehen bis zur geschlossenen Fuß-position (bei 5) | Alle Bewegungen sind gegengleich, das heißt spiegelbildlich zum Herrn |
| + ③ 6 | Stomp mit beiden Füßen | |

158

## 5. Teil (Auflösung: Damensolo)

| Zählweise | Herr | Dame |
|---|---|---|
| +<br>1<br>+<br>2 | Am Platz<br>(Kick Ball Change) | Am Platz<br>(Kick Ball Change) |
| +<br>3<br>+<br>4 | Am Platz, Dame in Gegen-<br>überstellung führen, mit<br>der LH die RH der Dame<br>über Kopfhöhe fassen | 1/2 LD vor den Herrn mit<br>der RH die LH des Herrn<br>über Kopfhöhe fassen |
| +<br>5<br>+<br>6 | RH lösen,<br>Dame unter LA in 1 RD<br>führen | LH lösen,<br>1 RD unter RA |

Ende:

offene Gegenüberstellung.

Nachher:

alle Figuren aus offener Gegenüberstellung.
Im zweiten Teil sollten die gefaßten Hände für eine gegenseitige Stabilisierung der Partner sorgen.
Die freien Arme im dritten und vierten Teil können auch frei seitwärts getragen werden. Eine ruhige Armhaltung gleicht die Bewegungen der Beine aus.
Das Hinterkreuzen der Füße im dritten Teil kann durch betontes Anheben vor dem Absetzen (beziehungsweise Hinterkreuzen) tänzerisch ausgestaltet werden.

# Kreuzchassé

Der Eingang dieser Figur geschieht mit einem Grundschritt, die Auflösung jedoch ist eine raffinierte Art, um wieder in die offene Gegenüberstellung zu kommen. Auf diese Weise kann der Tanz abwechslungsreicher gestaltet werden, da die Auflösung im Vergleich zum Grundschritt viel kontrastreicher ist.

Vorher:

alle Figuren, die in der Grundposition enden.

Ausgangsposition:

offene Gegenüberstellung (Grundposition).

## 1. Teil (Eingang)

| Zählweise | Herr | Dame |
|---|---|---|
| +<br>1<br>+<br>2 | Am Platz<br>(Kick Ball Change) | Am Platz<br>(Kick Ball Change) |
| +<br>3<br>+<br>4<br>+<br>5<br>+<br>① 6 | Am Platz,<br>1/4 RD, Dame mit der LH<br>an die rechte Seite führen<br>(Blickrichtung quer zur<br>Tanzlinie), am Ende<br>beide Arme seitwärts auf<br>Schulterhöhe halten, RH greift<br>linken Oberarm der Dame | 3/4 RD an die rechte<br>Seite des Herrn, am Ende<br>beide Arme seitwärts auf<br>Schulterhöhe halten,<br>LH greift rechten<br>Oberarm des Herrn |

❶

# Kreuzchassé

## 2. Teil

| Zählweise | Herr | Dame |
|---|---|---|
| ① + <br> 1 | RB hoher Kick diagonal vw | |
| ② + <br> 2 | RF kreuzt vor LF | |
| ③ + <br> 3 <br> ④ | LF sw, kleiner Schritt, <br> nur Ballen aufsetzen <br> RF kreuzt vor LF <br> (rutschenderweise) | Alle Bewegungen <br> wie der Herr |
| ⑤ + <br> ⑥ 4 | wie +3 | |

**❶**　　　　　　　　　　**❷**　　　　　　　　　　**❸**

| Zählweise | Herr | Dame |
|---|---|---|
| +<br>5<br>+<br>6<br>+<br>7<br>+<br>8 | wie 1 bis 4<br>jetzt mit LB begonnen | Alle Bewegungen<br>wie der Herr |

Armhaltungen wie am Ende vom ersten Teil beschrieben.

# Kreuzchassé

### 3. Teil (Auflösung)

| Zählweise | Herr | Dame |
|---|---|---|
| +<br>1<br>+<br>2 | wie 1 bis 2 aus Teil 2 | Alle Bewegungen<br>wie der Herr |
| +<br>3<br>+<br>4 | wie 5 bis 6 aus Teil 2 | |
| ① +<br>5 | Oberkörper gerade im rechten Winkel nach vorn neigen, am Ende Armhaltungen lösen, Arme leicht nach hinten halten, | |
| ② +<br>6<br>③ +<br>7 | 5/4 RD bei abgewinkeltem Oberkörper, Füße entkreuzen sich und kreuzen durch Weiterdrehen erneut ein | 3/4 RD bei abgewinkeltem Oberkörper, Füße entkreuzen |
| +<br>8 | Oberkörper aufrichten (am Platz) | Oberkörper aufrichten (am Platz) |

Ende:

offene Gegenüberstellung.

Nachher:

alle Figuren aus offener Gegenüberstellung.
Bei Teil 2 und in geringerem Maße bei Teil 3 (1 bis 4) kann man eine leichte Körperneigung in die jeweilige Bewegungsrichtung haben. (Ein Kreuzchassé ist im Teil 2 mit der Voltabewegung des Samba zu vergleichen.)

164

# Seitsprung (auch Pasing genannt)

Hier wird nun noch eine Figur dargestellt, die in exakt getanzter Form und mit ihren Variationen zu den schwierigsten Figuren überhaupt gehört.

Vorher:

je nach Variation.

Ausgangsposition:

je nach Variation; hier für die Grundbewegung: offene Gegenüberstellung.

❶

❷

| | Zählweise | Herr | Dame |
|---|---|---|---|
| ① | + | LF sw | |
| ② | **1** | RF sw ohne Gewicht, Tap mit Hacke | |
| ③ | + | RF am Platz belasten | Alle Bewegungen |
| ④ | **2** | LF kreuzt vor RF | sind gegengleich, |
| ⑤ | + | RF sw | das heißt spiegelbildlich |
| ⑥ | **3** | LF sw ohne Gewicht, Tap mit Hacke | zum Herrn |
| ⑦ | + | LF am Platz belasten | |
| ⑧ | **4** | RF kreuzt vor LF | |

**❸**

**❹**

# Seitsprung

<u>Ende:</u> offene Gegenüberstellung.

<u>Nachher:</u>

alle Figuren aus offener Gegenüberstellung.
Außer in dieser Gegenüberposition gibt es diese Figur auch noch nebeneinander oder hintereinander, dabei können sich die Partner jeweils in gleicher oder in entgegengesetzter Richtung bewegen, die Schultern müssen jedoch immer parallel bleiben.
Die interessantesten und wohl schwierigsten Versionen stellen die Variationen dar, bei denen noch zusätzliche Drehungen jeweils beim Einkreuzen erfolgen. Dabei können folgende Wege auf dem Boden beschrieben werden (siehe nebenstehende Zeichnung).

Ein Pfeil beschreibt zum Beispiel die Zählzeit +1+2 oder +3+4 usw.
Die Richtung des Pfeils gilt für den Seitschritt (+1,+3). Die Zahlen an

❺

❻

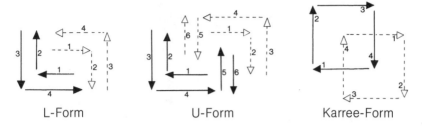

L-Form U-Form Karree-Form

den Pfeilen beschreiben die Reihenfolge der Bewegungsrichtungen. Die unterbrochen gezeichneten Pfeile geben den Weg der Dame an. Bei allen Formen dieser Art beschreiben die Partner jeweils für sich den gleichen Weg und beginnen in Gegenüberstellung. Bei der L- und U-Form kann man Rücken an Rücken beginnen und in Gegenüberstellung enden. Der Effekt der Karree-Form besteht darin, daß man in Gegenüberstellung beginnt und endet und dazwischen einmal umeinander herum-»wandert«. Hierbei wird jedesmal beim Einkreuzen eine Viertel-linksdrehung ausgeführt.

❼

❽

# Halbakrobatische Figuren

(Siehe auch gleiches Kapitel beim Hobby-Rock 'n' Roll)

Dieser Begriff taucht am häufigsten dort auf, wo es um die Figurenbegrenzung der C-Klasse geht. Die Definition des Deutschen Rock 'n' Roll-Verbandes (DRRV) lautet:
Unter Halbakrobatik versteht man die Figuren, bei denen die nachstehend genannten Kriterien zutreffen:

1. Keiner der Partner darf mehr als eine halbe Drehung in der Luft – das heißt ohne Bodenkontakt – ausführen. Dies gilt für waagrechte und senkrechte Körperdrehungen.
2. Die Füße eines Partners dürfen sich nie höher als einer der beiden Köpfe befinden.
3. Jeder Stop ab Schulterhöhe (stehend, sitzend, liegend oder kniend) ist nicht erlaubt.
4. Alle Figuren, bei denen ein Partner über die Schulterlinie des anderen hinweg springt, gehoben oder geworfen wird, sind nicht erlaubt.

Im Bereich des Turniertanzens sind in den untersten Klassen Figuren erlaubt, die über diese Definition hinausgehen. Diese jedoch sind in der Figurenbegrenzung eigens aufgeführt.


## Tote Frau/Toter Mann

Diese Figur zählt zu den einfachsten überhaupt und existiert in mehreren Versionen.
Die nachfolgende Darstellung beschreibt »Tote Frau«. Tauschen Herr und Dame ihre Rollen aus, so gilt der Name »Toter Mann«.


Vorher:

American Spin oder Damensolo, jeweils mit einer halben Drehung.

**❶**

Ausgangsposition:

Schattenposition (Dame mit dem Rücken zum Herrn).　　　　　①
Beide haben die Füße geschlossen. Die Dame hält ihre Arme gestreckt
seitwärts. Der Herr hält seine Arme vorwärts in Richtung Oberarme der
Dame.

171

# Tote Frau/Toter Mann

### 1. Teil

| Herr | Dame |
|------|------|
| ① Ein Bein rw nehmen, die Dame mit beiden Armen auffangen. | Mit geradem Körper rückwärts fallen, Arme seitwärts halten. |

Rhythmus: 1 2 3 4 oder 1 2

❶

## 2. Teil

| Herr | Dame | |
|------|------|---|
| Dame aufrichten, Füße schließen | Körperspannung halten | ① |

Rhythmus: 5 6 7 8 oder 3 4

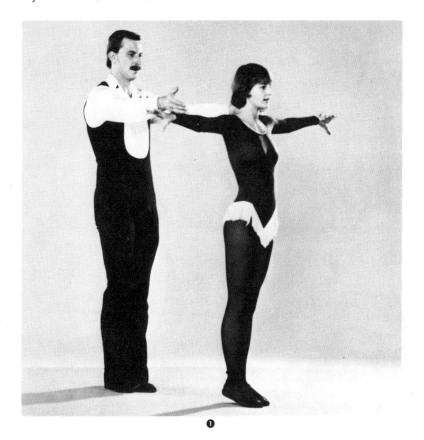

❶

Ende: Schattenposition (wie Ausgangsposition).

Nachher: zum Beispiel Tausendfüßler.

# Tote Frau/Toter Mann

### Variation des ersten Teiles

① Dieser Teil kann dadurch variiert werden, daß die Dame ein Bein anwinkelt und den Fuß auf das Knie des anderen Beines stellt. Eine weitere
② Möglichkeit ist, daß die Dame in die Hocke springt und ein Bein gestreckt in die Luft hält.

❶

❷

## Variation des zweiten Teiles

Der Herr dreht die Dame, die zusätzlich noch hochspringen kann, um eine halbe Drehung nach rechts oder links in die offene Gegenüberstel- ①
lung, beziehungsweise um eine ganze Drehung, um die Figur wiederholen zu können.
Bei der Sprungversion läßt der Herr zunächst die Dame ihre Füße unter ihren Körper heranziehen, so daß sie mit oder ohne Drehung nach oben ②
springen kann. Dabei unterstützt der Herr die Dame an ihren Oberarmen.

**❶**                                      **❷**

# Teller

Der Teller stellt eine der effektvollsten Figuren dar. Hier wird im allgemeinen immer nur der Ein- oder Ausgang variiert.

Vorher:

American Spin oder Damensolo, mit jeweils einer halben Drehung oder Tote Frau bis zum ersten Teil oder (Unten-)Durchziehen (ohne Drehung).

**❶**  **❷**

## 1. Teil

| Herr | Dame |
| --- | --- |
| Beide Hände bilden Hakenform und greifen unter die Achseln der Dame, beide Arme hängen gestreckt nach unten. | Oberarme stabil seitwärts halten. Beine im rechten Winkel zum Oberkörper halten (Sitzposition) |

**❸**

# Teller

## 2. Teil

| Herr | Dame |
|------|------|
| ① Nach einer Ausholbewegung die Beine der Dame um die Körper-<br>② längsachse kreisen lassen,<br>③ dabei den rotierenden Beinen durch Übersteigen ausweichen. | Beine immer gestreckt und nahezu parallel über den Boden kreisen. |

Dieser Teil kann beliebig oft ohne Unterbrechung wiederholt werden.

## 3. Teil

| Wie der zweite Teil der Figur »Tote Frau« |
|---|

Ende:

Schattenposition oder Gegenüberstellung (je nach Version vom dritten Teil).

Nachher:

»Tote Frau«.
Unter den vielen möglichen Auflösungen gibt es noch eine Methode, die sehr beliebt ist. Dabei dreht sich der Herr mit einer halben Drehung in die gleiche Drehrichtung, in der die Beine der Dame rotieren, aber erst in dem Augenblick, in dem sich die Beine der Dame vor dem Körper des Herrn befinden. Die Dame zieht dann ihre Beine stark an, und wird mit einer zusätzlichen halben Drehung (in der gleichen Drehrichtung wie zuvor) hochgeworfen, so daß sie in offener Gegenüberstellung landen kann.

178

# Winterthur

Die Möglichkeit, diese Figur sehr hoch auszuführen, hat sie zu einer der beliebtesten gemacht. Als Voraussetzung zum Erlernen dieser Figur sollte man das Lasso des Hobby-Rock 'n' Rolls (siehe Kapitel »Halbakrobatische Figuren«) gut beherrschen.

Vorher:

alle Figuren, die in offener Gegenüberstellung enden.

Ausgangsposition:

Geschlossene Gegenüberstellung, der Herr greift mit seiner rechten Hand unter die linke Achsel der Dame. Rechte Hand der Dame, linke Hand des Herrn sind gefaßt.

|   |   | Herr | Dame |
|---|---|------|------|
| | + | Am Platz | Am Platz |
| | 1 | (Kick Ball Change) | (Kick Ball Change) |
| | + | | |
| | 2 | | |
| ① | + | Leichte Grätschposition | RF schließt zu LF |
| | 3 | (LF sw) | Beide Knie beugen |
| | + | Beide Knie stark beugen | Kräftig nach oben springen, |
| ② | 4 | Dame mit beiden Armen | mit beiden Armen stark |
| | + | nach oben drücken, mit | nach unten abdrücken, um |
| | 5 | gestrecktem RA Dame | über den LA des Herrn |
| | + | rechtsherum drehen, | zu kommen. |
| | 6 | dabei RH lösen (bis zu | |
| | | einer ganzen Drehung) | |

Ende:

offene Gegenüberstellung.

Nachher:

alle Figuren aus offener Gegenüberstellung.
Wenn die Dame den linken Arm des Herrn überspringt, müssen beide
Partner ihre Arme vollkommen gestreckt haben; auch muß die Dame
ihre Fußspitzen hochgezogen haben.
Sollte die Figur eventuell mißlingen, so muß der Herr sofort die linke
Hand und die Dame die rechte Hand lösen.

**❷**

# Kombinationen

Die Zusammenstellung verschiedener akrobatischer oder halbakrobatischer Figuren in einem durchgehenden Bewegungsablauf bezeichnet man als Kombination. Im Turniersport hat eine Kombination einen höheren Schwierigkeitsgrad als die getrennte Ausführung ihrer Elemente und wird somit besser bewertet. Dabei ist es notwendig, daß ein gleichmäßiger Bewegungsablauf in einem gewissen Rhythmus und im Tempo der Musik gewährleistet ist. Kraftakte fallen nicht mehr in den Bereich der Tanzakrobatik.

Die folgenden Beispiele zeigen einige Kombinationsmöglichkeiten aus den bisher beschriebenen Figuren.

### Kombination A

Grätschsitz
Kniesitz rechts (oder doppelt: rechts und links)

### Kombination B

Tote Frau
Teller
Tote Frau

### Kombination C

(Unten-)Durchziehen
Teller
Tote Frau

### Kombination D

Kniesitz
Lasso (oder Winterthur)

# Akrobatik

Geht man von der Halbakrobatik zur Akrobatik über, so sollte man daran denken, daß bei der Beurteilung der einzelnen Figuren die exakte Ausführung an erster Stelle steht. Diese Exaktheit gewährleistet nicht nur eine gewisse Ästhetik, sondern auch Sicherheit, die das oberste Gebot bei jeder (auch bei der Halb-)Akrobatik ist. Absolute Sicherheit erreicht man nur durch systematisches Training und sinnvolle Anleitung. Dazu gehört vor allen Dingen auch das Beherrschen der halbakrobatischen Figuren, die als Vorstufe anzusehen sind.

(Zwei Figuren des Hobby-Rock 'n' Rolls, nämlich der Grätschsitz und das Lasso, haben Grundbewegungselemente, die bis zu bestimmten A-Klasse-Figuren immer wieder vorkommen.)

Wird die Figur technisch so beherrscht, daß sie zu jedem Zeitpunkt sicher ausgeführt werden kann, dann kann man dazu übergehen, sie dem Tempo der Musik anzupassen. Es ist dabei jedoch immer darauf zu achten, daß die Geschwindigkeit der Ausführung nicht beliebig gesteigert werden kann; denn nach der Akrobatik muß sofort ohne Verzögerung wieder weitergetanzt werden, ohne daß auch nur ein Taktschlag Pause entsteht oder durch einen Zwischensprung ausgefüllt wird. Das gilt auch für den jeweiligen Eingang beziehungsweise Eingangsschritt zu der jeweiligen Figur. Faßt man alle diese Voraussetzungen zusammen, so ergibt sich ein weiteres Prinzip für die Akrobatik allgemein: Musikalität muß auch bei der Akrobatik sichtbar sein; das heißt, es muß ein reibungsloser Ablauf im gesamten Tanz gewährleistet sein. Denn der Tanz, nicht die Akrobatik steht beim Rock 'n' Roll an erster Stelle.

Mit den nun folgenden Figuren, zu denen neben »Kehre« und »Wickler« und auch noch der einfache »Todessprung« gehört, werden die einfacheren akrobatischen Figuren, zu denen auch die einfachen Figuren des Hobby-Rock 'n' Roll gehören, abgerundet.

Die nach dem »Todessprung« folgenden Figuren »Forelle«, »Kugel« und »Dulaine« werden in der höchsten Klasse getanzt, wo man mittlerweile mit freien Salti die Grenze der tänzerischen Akrobatik bald erreicht hat.

# Kehre

Die Kehre (früher Käskehre genannt) ist einer der wenigen Vorwärtssaltos, die bisher in der Rock 'n' Roll-Akrobatik vorkommen.
(Diese Figur ist bestimmt vielen aus ihrer Kindheit bekannt, deshalb hat
sie auch schon den Namen »Kindersalto« bekommen.)

Vorher:

alle Figuren, die in offener Gegenüberstellung enden.

Ausgangsposition:

offene Gegenüberstellung, beide in Grätschposition.

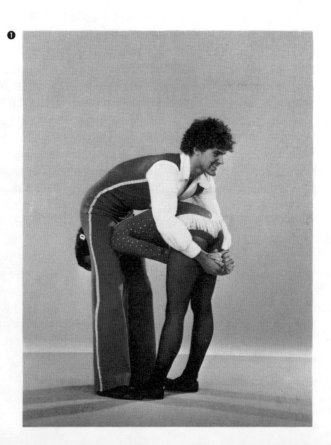

## 1. Teil

| Herr | Dame | |
|------|------|---|
| Mit beiden Händen die Hände der Dame von außen fassen, Oberschenkel gegen die Schultern der Dame drücken | Oberkörper rechtwinklig zu den gestreckten Beinen beugen, Schultern gegen die Oberschenkel des Herrn drücken, Handrücken zueinander, die Arme zwischen den Oberschenkeln nach hinten durchstrecken | ① |

## 2. Teil

| Herr | Dame | |
|------|------|---|
| Mit Unterstützung der Oberschenkel die Dame in einer Vorwärtsrolle nach oben ziehen | Mit Spannung im ganzen Körper die Position aus dem ersten Teil halten | ① ② |
| Nach Vollendung der Drehung die Dame mit den Unterarmen gegen die Oberschenkel der Dame hochdrücken (Weiterführung der Aufwärtsbewegung) | Sitzposition am höchsten Punkt auflösen, Beine schließen, Landung abfedern | ③ ④ |

Eine Variation entsteht durch einen zusätzlichen Vorwärtssalto, der, nachdem die Dame ihren ersten Salto (2. Teil) vollendet hat, über dem Kopf des Herrn ausgeführt wird. Die Dame landet entweder hinter dem Rücken des Herrn mit beiden Beinen am Boden, oder sie landet auf dem Rücken des Herrn (mit angezogenen Beinen) und wird sofort wieder durch einen Rückwärtssalto vor den Herrn gebracht. Bei dieser Version ist es günstiger, wenn der Herr nur die Handgelenke der Dame greift. ⑤ ⑥ ⑦

185

❶ ❸

❷ ❹

⑤

⑥  ⑦

# Wickler

Diese Figur hat einer ganzen Gruppe, den sogenannten Wickelfiguren, den Namen gegeben. Man versteht darunter alle Figuren, bei denen die Dame eine oder mehrere Drehungen am Körper (um die Längsachse) des Herrn ausführt. Dazu gehören auch die später beschriebenen Figuren »Kugel« und »Dulaine«. Verglichen mit den Salti werden diese Figuren wesentlich seltener getanzt. Dadurch sind sie nicht nur wegen ihres teilweise höheren Schwierigkeitsgrades reizvoll, sondern ihr Effekt liegt darüber hinaus auch in der Abwechslung, die sie in den Tanz bringen.

Vorher:

Zum Beispiel ein Grundschritt mit einer Viertelrechtsdrehung für die Dame.

Ausgangsposition:

Die Dame steht mit den Schultern im rechten Winkel an der rechten Seite des Herrn (linke Schulter, beziehungsweise Blick zum Herrn), sie hat ihren linken Arm auf der rechten Schulter des Herrn; er umgreift mit dem rechten Arm von hinten ihre Taille.

❶

## 1. Teil

| Herr | Dame |
|------|------|
| Mit beiden Armen die Dame in Sitzposition vor dem Körper halten, leichte Körperdrehung nach links (als Ausholbewegung für den zweiten Teil) | In Sitzposition springen (in die Arme des Herrn) |

① (links neben erster Zeile)

## 2. Teil

| Herr | Dame |
|------|------|
| Mit RA die Dame auf den Rücken schwingen, sofort mit LA in die Kniekehlen der Dame greifen | Beide Beine in einem kleinen Halbkreis auf den Rücken des Herrn schwingen, sofort Unterschenkel anwinkeln |

② ③ (links neben Zeilen)

❷

❸

# Wickler

### 3. Teil

| Herr | Dame |
|------|------|
| ① RA lösen, mit LA die Dame gut hochhalten, Dame hinter dem Rücken frei nach unten schwingen lassen, ② dann vor den Körper Dame in Sitzposition zurückschwingen, RA umgreift die Taille der Dame | LA lösen, mit dem Oberkörper frei nach unten schwingen, dann um die linke Seite des Herrn herum wieder in Sitzposition hochschwingen, LH und RH auf rechte Schulter des Herrn |

Der zweite und dritte Teil können hier beliebig oft wiederholt werden.

**❶**

## 4. Teil (Auflösung, Abgang)

| Herr | Dame |
|---|---|
| ③ 1/2 RD, Dame mit beiden Armen in aufrechter Position in die Luft werfen, so daß sie in offener Gegenüberstellung landet | Mit der LH auf der Schulter des Herrn abdrücken, Beine stark anziehen, Landung mit gestreckten Beinen abfedern |

Auch hier gibt es verschiedene Variationen. Die Figur kann – statt dieser Rechtsdrehung um den Herrn – auch in einer Linksdrehbewegung ablaufen. Alle weiteren Änderungen beziehen sich auf den Ein- oder Ausgang. Bei der Auflösung im vierten Teil kann die Dame auch durch einen Rückwärtssalto wieder in die Ausgangsposition gebracht werden. (Diese Version ist nur in der A-Klasse erlaubt.)

❷

❸

# Todessprung

Außer dem Todessprung gibt es auch noch den Todeswurf und den Todessturz. Allen drei Figuren ist gemeinsam, daß die Dame zunächst mit dem Kopf voran über den Rücken des Herrn springt, dann – ebenfalls mit dem Kopf voran – zwischen seinen Beinen wieder hervorkommt. Die verschiedenen Eingangsmöglichkeiten geben den Figuren jeweils ihre Namen.

Vorher:

lle Figuren, die in offener Gegenüberstellung enden.

Ausgangsposition:

offene Gegenüberstellung, ohne Haltung, Herr in Grätschposition.

❶

## 1. Teil

| Herr | Dame |
|------|------|
| ① Oberkörper gerade im rechten Winkel nach vorn beugen, linken Arm nach oben senkrecht zum Rücken halten, rechte Hand zwischen den Knien bereit halten | (Eventuell: Rück-vor-Sprung) Kopf voraus über den Rücken des Herrn springen, beide Arme vor, an den Oberschenkeln des Herrn abfangen |

## 2. Teil

| Herr | Dame |
|------|------|
| ② Mit LA Dame in den Kniekehlen halten, RA greift den Nacken der Dame, ③ mit beiden Armen die Dame nach vorn schwingen (vor die Füße) | Beide Unterschenkel stark abwinkeln, Nacken stark zurückhalten, beide Arme lösen (eventuell mit LA am rechten Oberarm des Herrn hochziehen) |

Ende: offene Gegenüberstellung.

Nachher: alle Figuren aus offener Gegenüberstellung.

❷                           ❸

# Todeswurf

Gegenüber dem Todessprung ändert sich nur der erste Teil. Die Dame ① kann sowohl direkt über den Herrn springen (dabei unterstützt er durch Griffe an Ober- oder Unterschenkel ihren Sprung) als auch aus dem ② Grätschsitz über den jetzt aufrechten Oberkörper des Herrn geworfen werden. Dieser »Wurf« wird wegen der durch den aufrechten Oberkör- ③ per des Herrn gesteigerten Höhe der Figur notwendig.
Anschließend läuft alles wie im zweiten Teil des Todessprunges schon beschrieben ab.

❶          ❷          ❸

# Todessturz

Hierbei springt die Dame, durch den Herrn an der Taille gehalten und
① unterstützt, hoch und wird anschließend bei gestreckten Armen waag-
② recht über dem Kopf des Herrn gehalten. Nachdem die Dame langsam
vorwärts abkippt – die ganze Zeit bleibt ihr ganzer Körper gespannt und
③ gerade –, löst der Herr beide Hände, und die Dame geht im freien Fall
zum zweiten Teil über (siehe »Todessprung«).

Es gibt noch weitere Versionen, wie zum Beispiel eine Kehre mit an-
schließendem Übergang zum zweiten Teil des Todessprungs (das heißt,
die Dame führt nach der eigentlichen Kehre noch die erste Hälfte des
möglichen zusätzlichen Vorwärtssaltos aus, danach ist sie in einer Position wie beim Todeswurf).

❶ ❷ ❸

# Todessturz

Eine prinzipielle Schwierigkeitssteigerung ist durch eine geänderte Arm- und Handhaltung der Dame möglich. Im zweiten Teil hat sich die Dame bisher immer an den Oberschenkeln des Herrn abfangen können. Bringt sie aber sofort beide Arme mit fest gefaßten Händen zwischen den Knien des Herrn hervor, ohne sich vorher zu halten, so greift der Herr sofort mit seinem rechten Unterarm in diese durch die Arme der Dame gebildete Öse und bringt sie in dieser Haltung (wie beschrieben) wieder vor sich.

Diese Möglichkeit kann im Prinzip bei allen Versionen des Todessprungs angewendet werden. Es erfordert aber ein sehr genaues und in verschiedene Entwicklungsstufen eingeteiltes Training, um diese Handhaltung zu beherrschen.

❶

❷

# Forelle

Diese Figur soll hier als Beispiel für die verschiedenen Rückwärtssalti angeführt werden. Im wesentlichen unterscheiden sich diese Salti in den verschiedenen Handhaltungen (Griffe) und in der Position des Herrn und seinem Einsatz gegenüber der Dame.

Vorher:

Alle Figuren, die in offener Gegenüberstellung enden. Die Doppelhandhaltung, das heißt zusätzlich rechte Herren- und linke Damenhand gefaßt, muß möglichst schnell zu erreichen sein.

Ausgangsposition:

gegenüber, die Dame greift jeweils die Daumen des Herrn, Herr greift die vier äußeren Finger der Damenhand.

| | Herr | Dame |
|---|---|---|
| ① | (Ellbogen in die Taille einstützen), mit beiden Knien ausholen, Dame nach oben drücken (bis | Mit Unterstützung beider Arme stark hochspringen, Beine stark anziehen, Kopf zurücknehmen, |
| ② | die Arme durchgedrückt sind), | Beine lang machen zur Landung |
| ③ | Hände nach außen drehen (das heißt die Dame in den Rückwärtssalto führen) und Arme weit auseinander- und wieder zusammennehmen, mit beiden Händen die Landegeschwindigkeit der Dame bremsen | |

# Forelle

wie Ausgangsposition, Handhaltung nicht geändert, nur gedreht.

Nachher:

Nach dem Lösen der rechten Hand (als Herr), alle Figuren aus offener Gegenüberstellung.

❶

❷

Diese Figur gibt es auch noch mit leicht geänderter Handhaltung, so daß eine andere Technik erforderlich wird; es wird dann mehr gezogen als gedrückt.

Macht bei dieser Ausführung die Dame einen Stop auf der Schulter des Herrn, und greift dieser dann um ihre Handgelenke oder Oberarme, so spricht man von einer eigenen Figur, dem »Schultersalto«.

# Kugel (Schulterkugel)

Nicht wenige behaupten, diese »Wickelfigur« sei die schwierigste akrobatische Figur. Dies kann man zu Recht behaupten, legt man der Beurteilung die Kriterien einer exakten, schnellen und rhythmischen Ausführung zugrunde. Hier treffen zwei teilweise gegensätzliche Forderungen aufeinander. Einerseits wird Schnelligkeit der Bewegung gefordert, andererseits ein ruhiger Körper, sowohl vom Herrn als auch von der Dame. Der Herr soll mit den Füßen exakt an der Stelle bleiben (wie bei jeder anderen Akrobatik auch), und er soll auch den Oberkörper, so weit es geht, ruhig und aufrecht halten; die Dame muß ihren ganzen Körper immer gestreckt und gerade halten – eine Voraussetzung, die das Gelingen der Figur überhaupt erst ermöglicht – und darf nie ihre Körperspannung verlieren.

Vorher:

Schulterfasser.

Ausgangsposition:

Dame steht rechts vom Herrn, in gleicher Blickrichtung, und hält beide Arme gerade nach oben gestreckt, oder sie hält sich an der rechten
① Schulter des Herrn von hinten fest.
Der Herr steht mit geschlossenen Füßen oder in einer leichten Grätschposition und umschließt mit beiden Armen von vorn die Taille oder das Becken der Dame.

## 1. Teil

| Herr | Dame |
|------|------|
| Dame mit ihrem Becken auf die linke Schulter legen, so daß sie die gleiche Blickrichtung wie der Herr hat, RH liegt jetzt an der rechten Hüfte der Dame | Körper mit Spannung gerade halten |

②

❶

❷

# Kugel

## 2. Teil

| Herr | Dame |
|------|------|
| Mit der RH die Dame in einer möglichst horizontalen Drehebene auf der linken Schulter in eine fast ganze LD bringen, LA und linke Schulter so hochhalten, daß die Dame damit am Ende der Drehung festgehalten werden kann | Am Ende der LD mit beiden Armen die rechte Schulter des Herrn erreichen, an dieser Schulter hängend frei an der rechten Seite des Herrn durchschwingen (an der Ausgangsposition vorbei) |

①
②
③

Der erste und zweite Teil stellen eine Kugel dar und können beliebig oft wiederholt werden.

❶

❷

❸

# Kugel

### 3. Teil (Auflösung)

Es wird noch einmal der erste Teil ausgeführt und die Bewegung auf der Schulter abgestoppt.

| Herr | Dame |
| --- | --- |
| ① Beide Oberarme der Dame von hinten greifen, mit der linken Schulter und beiden Armen die Dame nach oben werfen, ② in horizontaler Ebene die Dame in 1/2 LD in Gegenüberstellung bringen | Beide Arme seitwärts halten, durch leichtes Federn in der Körpermitte Aufwärtsbewegung unterstützen, Beine leicht anziehen |

**❶**

Ende:

offene Gegenüberstellung.

Nachher:

alle Figuren aus offener Gegenüberstellung.
Die verschiedenen Ein- und Ausgänge werden hier nicht beschrieben,
da sie bei den Paaren individuell verschieden sind.

❷

# Dulaine

Diese Figur hat ihren Namen zu Ehren des Weltmeisterpaares im Schau-
tanzen, Pierre Dulaine und Yvonne Marceau, die diese Figur aus dem
Ballett für ihre Schau weiterentwickelt haben. In einer schnelleren Ausführung ist sie mittlerweile eine der attraktivsten Figuren des Rock 'n'
Roll.
Der Dulaine ist eine schwierige, komplizierte Figur, da hier Bewegungen
um zwei unterschiedliche Körperachsen ausgeführt werden: Die Dame
dreht sich um ihre Längsachse, während sie gleichzeitig fast horizontal,
mit den Beinen voran, um den Nacken des Herrn gedreht (geworfen)
wird.

Vorher:

Zum Beispiel die Dame mit einem Grundschritt an die linke Seite des
Herrn.

Ausgangsposition:

Die Dame steht an der linken Schulter im rechten Winkel zum Herrn
(rechte Schulter zum Herrn, beziehungsweise Blick zum Herrn) und hat
ihre rechte (eventuell auch linke) Hand auf seiner linken Schulter; er
umgreift mit dem linken Arm von hinten die Taille der Dame, und mit der
① rechten Hand hält er ihr rechtes Bein.

| | Herr | Dame |
|---|---|---|
| ②<br>③ | Dame mit ihren Beinen voraus in einem Rechtskreis um den Nacken herumwerfen, | In der Bewegung um den Nacken des Herrn führt die Dame eine ganze Rechtsdrehung um ihre Körperlängsachse aus. |
| ④ | LA und RA fangen die Dame wieder auf | Mit dem rechten Arm auf der linken Schulter des Herrn in Sitzposition Bewegung abfangen |

# Dulaine

Ende:

Aus der Sitzposition wird die Dame in die offene Gegenüberstellung geworfen.

Nachher:

alle Figuren aus offener Gegenüberstellung.
Während dieser Figur kann die Dame ihre Beine schließen oder immer einen rechten Winkel einhalten. Die Knie sollten jedoch immer durchgedrückt sein, so daß zu jedem Zeitpunkt gerade Beinlinien sichtbar sind. Möchte man jedoch nur die Geschwindigkeit steigern, so haben sich gebeugte Knie bzw. angewinkelte Unterschenkel der Dame als vorteilhaft erwiesen.

Es gibt noch eine Figurengruppe, die man hier hätte nennen können, nämlich die Bodenfiguren, bei denen einer der Partner für längere Zeit am Boden liegt oder rollt. Hierbei ist es jedoch Ansichtssache, ob man diese Figuren noch dem Tanz zuordnet oder nicht.
Selbstverständlich werden in der Akrobatik genau wie in der Halbakrobatik Kombinationen aus verschiedenen Einzelfiguren zusammengestellt. Dabei kann es notwendig sein, daß man den Ablauf einer Einzelfigur am Anfang oder Ende etwas verändert, um eine günstige Position für die nächste Figur zu erhalten. Bei den Beschreibungen der einzelnen Figuren sind schon Möglichkeiten mitangegeben, um eine Kombination zusammenzustellen.
In der Akrobatik der A-Klasse sind die größten Möglichkeiten zu kreativer, akrobatischer Entfaltung gegeben. Aber ob man jetzt in der einen oder anderen Klasse tanzt und sich in Halbakrobatik oder Akrobatik (B- und A-Klasse) versucht, oberstes Gebot ist immer die Sicherheit bei der Ausführung, die Harmonie bei den Partnern und die gute rhythmische Umsetzung des technischen Ablaufs.

# Aufbau eines Rock 'n' Roll-Tanzes

Um den Ablauf eines Rock 'n' Roll-Tanzes zu erläutern, soll nun der Aufbau des Turnierwesens und die dazugehörigen Gesichtspunkte einer Schritt- bzw. Figurenfolge dargestellt werden.

## Turnierwesen

Jedes Turnier beginnt mit einer Vorrunde. Von dieser Vor- zur Zwischenrunde müssen mindestens für die Hälfte der Paare von jedem Wertungsrichter Kreuze vergeben werden. Ein Kreuz bedeutet: Der jeweilige Wertungsrichter ist der Meinung, daß das betreffende Paar zur »besseren Hälfte« zählt. Kann ein Paar die Mehrheit der maximal erreichbaren Anzahl von Kreuzen verbuchen, so kommt es in die nächste Runde. Es werden dann so viele Zwischenrunden getanzt, bis maximal sieben Paare für eine Endrunde feststehen; dabei gilt für das Erreichen der nächsten Runde das gleiche Prinzip wie von der Vor- zur Zwischenrunde.

Die Turnierpaare werden auf Grund der Turnier- und Sportordnung in drei Klassen eingeteilt.

1. **C-Klasse**

    Mit dem Turnierwettkampf muß in dieser Klasse begonnen werden, in der keine bestimmte Kleidung aber rutschfeste Schuhe vorgeschrieben sind. In jeder Runde muß das Paar zwei Minuten tanzen, was man gemeinhin mit Kür bezeichnet.

    Die Figurenbegrenzung für diese Klasse sagt aus, daß nur Halbakrobatik und bestimmte einfachere akrobatische Figuren wie München getanzt werden dürfen; die Fußtechnik selbst unterliegt keiner Begrenzung.

# Aufbau eines Rock 'n' Roll-Tanzes

## 2. B-Klasse

Man wird in diese Kategorie eingestuft, wenn man bestimmte Erfolge in der C-Klasse nachweisen kann, das heißt, man steigt auf von C nach B. Auch hier muß man versuchen, über die verschiedenen Runden bis zur Endrunde zu gelangen. Die Darbietung ist aber aufgeteilt in eine Pflicht(runde), der sogenannten Fußtechnik(runde), wobei keinerlei akrobatische Figuren (auch keine halbakrobatischen) getanzt werden dürfen, und in die Kür, der sogenannten Akrobatik(runde).

In der Fußtechnikrunde, die eine Minute dauert, muß das Paar ausschließlich seine speziellen Fähigkeiten in den Beinen und Füßen unter Beweis stellen; in der Akrobatikrunde werden die verschiedenen akrobatischen Figuren mit einfacheren Fußtechnik-Figuren verbunden.

Bei der Wertung setzt sich die Gesamtsumme aus jeweils 50% Fußtechnik und Akrobatik zusammen.

## 3. A-Klasse

Ebenso wie zuvor für den Aufstieg in die B-Klasse muß man für den Aufstieg in die A-Klasse bestimmte Erfolge in der B-Klasse nachweisen.

Hier besteht das gleiche Fußtechnik/Akrobatik-System wie in der B-Klasse; jetzt haben die Paare aber keinerlei Figurenbegrenzung mehr.

Die Turnier- und Sportordnung regelt den detaillierten Ablauf eines Turnieres. Dieses Regelwerk existiert bei den meisten nationalen Verbänden. Um die einzelnen nationalen Unterschiede bei internationalen Meisterschaften, bei denen nur die A-Klasse am Start sein kann, auszugleichen, wurde von der ERRA ein internationales Reglement geschaffen.

Es gelten folgende Bewertungskriterien:

1. Fußtechnik (Grundschrittechnik, Kick, Hop, Beinlinien)
2. Tänzerische Darbietung (Haltung, Linienführung, Paarwirkung, Ausstrahlung)

3. Figuren
   a) Figurenreichtum (Anzahl der getanzten Akrobatik- wie Tanzfiguren)
   b) Technische Ausführung (Anzahl der technischen Fehler besonders bei Akrobatik)
   c) Schwierigkeitsgrad (der akrobatischen Figuren; auch in der Fußtechnik)

Hat ein Paar einen Takt- oder Rhythmusfehler oder einen Sturz oder einen großen Stop (zum Beispiel Stehenbleiben) oder tanzt es keinen Sprungschritt, so bekommt es automatisch die schlechteste Wertung. Dies ist sehr wichtig, besonders was den Sturz anbelangt; denn ein Paar ist dadurch mehr gezwungen auf Sicherheit als auf Risiko zu tanzen.

Kommt es nun vor, daß mehr Paare als die, die in dieser Runde ausscheiden sollen, die genannten Fehler machen, so muß der Wertungsrichter die weiteren Kriterien anwenden. Die Aufzählung der Bewertungskriterien stellt für die Bewertung der C-Klasse eine Hierarchie dar. Für die restlichen Klassen werden die Punkte 1. und 2. zusammengefaßt und gleichwertig mit Punkt 3. behandelt.

*Die Rock 'n' Roll-Formation der Tanzschule Wolfgang Steuer beim Todessprung.*

# Aufbau eines Rock 'n' Roll-Tanzes

## Turnierfolge

(Schritt- und Figurenverbindung)

Es gibt also wie schon beschrieben zwei Arten der Darbietung; einmal für die B- und A-Klasse Pflicht und Kür und nur die Kür in der C-Klasse. Zunächst einige Erläuterungen zur Kür in der C-Klasse:

### Turnierprogramm in der C-Klasse:

Die Beschränkung der Akrobatik in der untersten Klasse hat zwei Gründe:
1. Das Paar soll nicht durch Akrobatik überfordert werden.
2. Die tänzerischen Elemente, vor allem in der Fußtechnik (Grundtechnik) sollen besonders geschult und damit richtig erlernt werden.

Auf Grund von Punkt 2. sollte also ein Paar auch ohne Akrobatik ein Turnier gewinnen können, wenn seine Grundtechnik und tänzerische Darbietung besser ist als die aller anderen Mitkonkurrenten. Nur dann, wenn alle Paare mit diesen Wertungskriterien noch nicht zu differenzieren sind, dann ist die Akrobatik in Ausführung, Umfang und Schwierigkeit ein zusätzliches Kriterium.

Eine Kür dieser untersten Klasse muß deshalb nicht unbedingt Akrobatikteile enthalten. Es ist aber schon allein eine Frage der Kondition, ob man akrobatische Figuren tanzt oder nicht. Es ist nicht so, daß die Akrobatik mehr anstrengt, aber die Fußtechnik belastet sehr stark die Ausdauer(kondition), während die Akrobatik mehr auf die Kraft(kondition) Einfluß hat. So erreicht man mit akrobatischen Teilen eine Ruhephase für die Beine, was bei zwei Minuten Springen und Kicken sehr notwendig sein kann, möchte man gegen Ende dieser zwei Minuten noch genau so gut tanzen wie zu Beginn.

Eine Darbietung sollte eine Anfangs- und eine Schlußfigur haben, die nicht unbedingt akrobatisch sein muß. Hat nun ein Paar gewisse Tanzfiguren und Akrobatikteile in seinem Repertoire, so muß es sich zunächst darüber klar werden, welches die besten sind. Dabei spielen auch verschiedene Gesichtspunkte eine Rolle, so zum Beispiel, ob einem persönlich diese oder jene Figur liegt, so daß man sie auch optimal austanzen kann, ob sie augenblicklich schon so gut beherrscht werden, daß man nicht mit zusätzlichen Schwierigkeiten, bedingt durch den Turnierstreß, zu rechnen hat. Gerade für die Klärung dieser letzten Gesichtspunkte wird es immer notwendig sein, einen Trainer hinzuzuziehen, da durch ihn eher eine objektive und richtige Beurteilung möglich ist.

Die ersten Turniere sollte man mit einfacheren Figuren bestreiten. Das gibt dem Paar die Möglichkeit, sich eine gewisse Routine anzueignen und lehrreiche Erfahrungen zu machen. Bei zu schwierigen Figuren ist ein Paar so überlastet, daß es nur mit den Figuren (und deren technischen Ablauf) beschäftigt ist. Das Tanzen selbst kommt in jedem Fall zu kurz, und das Lampenfieber kann im Turnierstreß nicht abgebaut werden. Auf der anderen Seite muß für das Paar immer eine gewisse Spannung erhalten bleiben (durch den Einbau von neuen oder schwierigeren Figuren), damit der Ablauf des Tanzes nicht zur vollkommenen Routine und langweilig wird.

Die Struktur einer Turnierfolge sieht im allgemeinen etwa wie folgt aus:

Anfangsfigur
Tanzfiguren Teil 1
Akrobatik I
Tanzfiguren Teil 2
Akrobatik II
Tanzfiguren Teil 3
Akrobatik III
Tanzfiguren Teil 4
Schlußfigur (Schlußpose)

Diese Struktur zeigt eine gleichmäßige Verteilung von Akrobatik und Tanzfiguren, um eine relativ konstante Leistung eines Paares zu gewährleisten. Bei Kombinationen kann etwa bis auf sieben Akrobatikteile gesteigert werden, bei Einzelfiguren können es sogar noch mehr sein.

# Aufbau eines Rock 'n' Roll-Tanzes

Dann aber sollte vermieden werden, daß die Tanzfiguren sich auf die elementarsten wie »Platzwechsel« oder »American Spin« usw. beschränken.

Der Gesamtablauf von Figuren darf nie so streng gefaßt sein, daß kein Freiraum für eine improvisierte Figurenzusammenstellung oder gar Tanzfigur mehr bleibt, die sich durch die Führung des Herrn ergibt.

## Turnierprogramm in der B- oder A-Klasse

Fußtechnik (Pflicht)

Die Fußtechnikrunde, die nur eine Minute dauert, wird mit verschiedenen Tanzfiguren, Grundschritten und Variationen ausgefüllt. Nur als Abschluß ist Akrobatik erlaubt, in Form einer Schlußpose.

Akrobatik (Kür)

Die Kür mit ihren Akrobatikteilen, die zwei Minuten dauert, hat die gleiche Struktur wie die der C-Klasse. Es kann zwar der Anteil an Tanzfiguren reduziert werden, nicht aber das Niveau der Grundtechnik.

Die größte Schwierigkeit der Kür besteht darin – vor allem bei höherer und schwierigerer Akrobatik –, einen Ein- und Ausgang zu finden, der einen harmonischen und rhythmisch reibungslosen Ablauf von

Tanzfigur – Akrobatik – Tanzfigur

ermöglicht.

# Anhang

## Fachwörterverzeichnis

ADTV = Allgemeiner
Deutscher Tanz-
lehrerverband = Zusammenschluß deutscher Tanzlehrer,
Stütze beim Aufbau des DRRV

Afterbeat-
akzentuierung = die Betonung nach dem eigentlich betonten
Schlag

Akrobatik = Artistische Bewegungselemente

Akrobatik(runde) = Abschnitt des Wettkampfes, bei dem haupt-
sächlich Akrobatik bewertet wird

American Spin = Drehung am Platz

Ausgangsstellung = Position der Partner zueinander. Vor Beginn
einer Figur

Bewertungsrichtlinien = sind die vom DRRV schriftlich festgelegten
Richtlinien für Wertungsrichter

Deutscher Rock 'n' = Vereinigung der Rock 'n' Roll-Klubs
Roll-Verband in Deutschland und größter nationaler
Rock 'n' Roll-Verband Europas

Doppelkick = zwei Kicks nacheinander während zwei Vier-
teln eines Taktes (im Gegensatz zum normalen Kick, der allein zwei Viertel benötigt)

European Rock 'n' = größte internationale Rock 'n' Roll-Organisa-
Roll-Association tion, Ausrichter von Welt- und Europamei-
sterschaften. Erweiterung in Welt-
Rock 'n' Roll-Association in Vorbereitung

Figuren = allgemeiner Oberbegriff für Elemente des
Tanzens; untergliedert in Tanzfiguren und
Akrobatikfiguren

# Anhang

| | | |
|---|---|---|
| Figurenbegrenzung | = | vom DRRV schriftlich festgelegte Figuren, die in der C- und B-Klasse als akrobatische Ausnahmefiguren getanzt werden dürfen. |
| Flechtergriff | = | Handhaltung wie »gefaltete Hände«. (Finger der rechten Hand zwischen die Finger der linken Hand.) Dabei zeigen die Handflächen nach außen. |
| Flick | = | Eine bestimmte Art von Kickbewegung, die in der Bewegungslehre definiert ist, beim Rock 'n' Roll aber kein Begriff ist. |
| Fußtechnik(runde) | | siehe Pflicht(runde) |
| Gegenüberstellung | = | Position der Partner zueinander (Position in der Grundtanzhaltung) |
| Grundposition | = | Gegenüberstellung beider Partner, wobei die linke Herren- und die rechte Damenhand gefaßt sind. |
| Grundschrittechnik | = | Beschreibt die rhythmische Bewegung der Beine in der Musik (der Ablauf während der Akrobatik wird dabei nicht berücksichtigt). |
| Halbakrobatik | = | Teilbereich der Akrobatik |
| Hintereinander-position | = | Position der Partner zueinander |
| Hop | = | kleiner Sprung auf dem Standbein |
| Jive | = | Bezeichnung für den Boogie als 8er-Schrittsatz. Tanz des Welttanzprogramms. Lateinamerikanischer Tanz bei allen Tanzturnieren. |
| Kick | = | Bestandteil der Kickbewegung |
| Kick Ball Change | = | Dreiteilige Schrittkombination |

| | |
|---|---|
| Kickbewegung | = Die Zusammenfassung der vier Phasen der Bewegung des Spielbeines beim Kick (= 3. Phase). Siehe Kapitel »Der Grundschritt« des Turnier Rock 'n' Roll. |
| Körbchenposition | = Die Dame steht neben dem Herrn in der linken oder rechten Armbeuge. |
| Kombination | = Zusammenstellung verschiedener akrobatischer Figuren. |
| Kür | siehe Akrobatik(runde) |
| Lift | = Heben des Partners. Hebefigur. |
| Metronom | = ein von dem Wiener Ingenieur Mälzel auf Anregung Beethovens konstruierter Apparat zur akustischen Angabe von Taktschlägen in veränderlicher Geschwindigkeit |
| Nebeneinander-position | = Position der Partner zueinander. |
| Pflicht(runde) | = Abschnitt des Turnierwettkampfes, bei dem nur Tanzfiguren getanzt werden dürfen; es wird nur die Fußtechnik und die tänzerische Darbietung bewertet |
| Polyrhythmik | = mehrere voneinander unabhängige überlagerte Rhythmen in einem Musikstück |
| Promenade | = Beide Partner haben gleiche Blickrichtung und die Dame steht rechts vom Herrn. |
| Reglement | = frühere Bezeichnung für Turnier- und Sportordnung |
| Shakehands | = Handhaltung beider Partner wie beim »Guten Tag sagen« (Rechte Herrenhand faßt rechte Damenhand). |

# Anhang

| | |
|---|---|
| Slip | = Kleine Rutschbewegung auf dem Standbein |
| Spielbein | = Das Bein, das kein Körpergewicht im jeweiligen Augenblick trägt und somit alle möglichen Bewegungen ausführen kann. |
| Standbein | = Das Bein, das das Körpergewicht im jeweiligen Augenblick trägt. |
| Stomp | = Kleiner Sprung auf beiden Füßen mit einer deutlichen Bewegung nach unten (Beugen der Knie). |
| Synkopierung | = Verschiebung (übersetzt: Zerschneidung) der Betonung |
| Tanzfigur | = Anwendung der Grundschritte bzw. -techniken bei verschiedenen Drehungen und Haltungen sowie Positionen |
| Tanzlinie | = Festgelegte Linie, auf der sich beide Partner den gesamten Tanz über bewegen |
| Tap | = Unbelastetes Aufsetzen des Fußes |
| Turnier- und Sportordnung | = die vom DRRV schriftlich festgelegten Richtlinien, nach denen die Turniere durchzuführen sind. |
| Volta | = Eine bestimmte Bewegung der Beine und Füße, die in der Technik der lateinamerikanischen Tänze festgelegt ist. |
| Vor-, Zwischen-, Endrunde | = Einteilung des Turnierwettkampfes |
| Welttanzprogramm | = Ein vom International Council of Ballroom Dancing festgelegtes Programm, nach dem die Tanzschulen der Mitgliedsländer in den Grund- und Fortschrittskursen unterrichten. |

| Wickelfigur | = (Teilbereich der Akrobatik) Dame bewegt sich um die Körperlängsachse des Herrn |
|---|---|
| Zählzeiten | = Beschreiben mit Zahlen eine Folge von Bewegungen und ersetzen beim Üben die Musik. |

# Schallplatten

### Rock 'n' Roll-Singles

| | | | |
|---|---|---|---|
| ○ Teenage Dance | Clint Miller | ABC Paramount | AMP 3330 |
| ○ Say Yeah | Samy Salvo | RCA Victor | H2WW-7309 |
| ○ Love makes the world go round | Perry Como | RCA Victor | J2PW.6688 |
| ○ A wonderful time up there | Pat Boone | London | MSD 2306 |
| ○ Such a night | Elvis Presley | RCA Victor | L2WW-0105 |
| ○ Lucky Lips | Ruth Brown | Atlantic | A 2123 |
| ○ Charming Billy | Johnny Preston | Mercury | 71691 |
| ○ fife Month, two Weeks, two Days | Louis Prima | Capitol | |
| ○ 45 RPM | Mark IV | Cosmic | 101 |
| Chantilly Lace | Jerry Lee Lewis | Mercury | AA 6052 141 |
| At the Hop | Dany & the Juniors | ABC | 17 139 |

# Anhang

| | | | |
|---|---|---|---|
| ✳ Percolator | Randy Randolph | RCA | 47-7395 |
| I don't wanna boogie alone | Matchbox | Magnet | MAG 155 |
| Kissin' time | Bobby Rydell | London | 6.11987 |
| Bim Bam | Sam Butera | Amigo | W80 520 |
| Buona Sera | Louis Prima | Capitol | 006-80935 |
| ✳ Goodbye Elvis | Ringo | Carrere | 49.307 |
| ✳ Oldies but Goldies | Johnny and the Hurricanes | Contempo | 6.11301 |

✳ = gut geeignet für Anfänger!
O = im Handel schwer erhältlich!

## Rock 'n' Roll-LPs

| | | | |
|---|---|---|---|
| Only Rock 'n' Roll | Wanda Jackson | Capitol | 25150-85334 |
| Rockin' Rollin' Vocal Groups again | Div. | Cham | 80423 |
| 20 Golden Pieces | Merril E. Moore | Bulldog | BDL 2011 |
| Well now dig this | The Jodimars | Bulldog | BDL 1031 |
| ✳ The Original | Bill Haley | MCA-Coral | 42001 |
| Conway Twitty | Conway Twitty | MGM | 2624031 |
| Vintage Rock 'n' Roll | Billy Lee Riley | Cowboy Carl Records | CCLP-105 |

| | | | |
|---|---|---|---|
| Riders in the Sky | Matchbox | Magnet | LP 7612 |
| Gonna Rock 'n' Roll tonight | Carl Mann | Rockhouse | 67524 |
| Rock, Rock, Rock 'n' Roll | Big Bopper | Mercury | 6463057 |
| Downhome Rockabilly | Sleepy la Beef | Carly Records | CR 30172 |
| 16 Greatest Hits | Fabian | ABC | ABCX-806 |
| * Rocking Club Musik | The Jackys | EMI Schweiz | C058-76095 S |

* = gut geeignet für Anfänger!

# Literaturnachweis

## Konditionstraining und Gymnastik

Gymnastik – Körperschule ohne Gerät
Hans Forstreuter
Limpert Verlag GmbH, Bad Homburg v. d. H.

Konditionsgymnastik
Manfred Grosser/Fritz Herbert
Pohl-Verlag, Celle

Muskelkraft durch Partnerübungen
Gain/Hartmann
Sportverlag, Berlin

# Anhang

Trainingsgrundlagen, Training, Technik, Taktik
Manfred Letzelter
RORORO-Sachbuch Sport, 1978
Rowohlt-Verlag GmbH, Reinbek/Hamburg


## Rock 'n' Roll-Geschichte

Rock 'n' Roll
Shaw, Arnold,
RORORO-Sachbuch (TB), 7109
Rowohlt-Verlag GmbH

Awopbopaloobop
Nick Cohn
RORORO-TB Paperback 1542
Rowohlt-Verlag GmbH,

The Encyclopedia of Rock, Vol. I (engl.)
Phil Hardy/Dave Laing
Panther Paperback 586042679 (nur im Original lieferbar)

The Rolling Stone Illustrated History of Rock 'n' Roll
Jim Miller
Rolling-Stone-Press, New York 394-73238-3 (nur im Original lieferbar)

All we need is Rock. Die Story der Rock-Musik (auch Rocky Buch 4 genannt)
Hubert Skolup,
Verlag A. Reiff, Offenburg

All you need is love
Tony Palmer
Knaur TB 3599, 1967/77
Knaur TB, Droemersche Verlagsanstalt, Th. Knaur Nachf., München (in der Schweiz nicht lieferbar)

Das Jazzbuch – Von Rag bis Rock
Joachim Ernst Berendt, 1980
Fischer Taschenbuch-Bücher des Wissens,
Fischer Taschenbuchverlag GmbH, Frankfurt am Main

Reclams Jazzführer
Carlo Bohländer/Karl Heinz Holler, 1970/77,
Verlag Phil. Reclam jun., Stuttgart

Pop + Rock Almanach
Frank Laufenberg, 1980,
Gustav Lübbe Verlag GmbH, Bergisch-Gladbach

## Tanzen

Wir lernen tanzen – Standard- und lateinamerikanische Tänze
Ernst Fern
Falken-Verlag GmbH, Niedernhausen

Tanzstunde 1 – Die 11 Tänze des Welttanzprogramms
G. Hädrich
Falken-Verlag GmbH, Niedernhausen

Tanzstunde 2 – Für Fortgeschrittene. Mit Anhang Disco-Tänze
G. Hädrich
Falken-Verlag GmbH, Niedernhausen

Disco-Tänze
Barbara und Felicitas Weber
Falken-Verlag GmbH, Niedernhausen

Tanzen leicht gemacht
Pablo Moran, Verlag Hermann Bauer KG, Freiburg/Brg.

Freude am Tanzen
C. E. Riebling

**Disco-Tänze**
(0491) Von Barbara und Felicitas
Weber, 104 Seiten, 104 Abbildungen,
kartoniert, DM/Fr. 6,80, S 55,–

**Wir lernen tanzen**
(0200) Von Ernst Fern, 168 Seiten,
118 s/w Fotos, 47 Zeichnungen,
DM/Fr. 9,80, S 78,–

**Partytänze – Partyspiele**
(5049) Von Wally Kaechele, 94 Seiten,
104 Farbfotos, herausgegeben von der
»tanzillustrierten«, Pappband,
DM/Fr. 12,80, S 98,–

**Lustige Tanzspiele und
Scherztänze für Parties und Feste**
(0165) Von E. Bäulke, 80 Seiten,
53 Abbildungen, kartoniert,
DM/Fr. 4,80, S 39,–

# Gesamt- Programm

## Frühjahr 1982

## Hobby

**Hobby Porträtzeichnen** (0603) Von Rita Jovy, ca. 96 S., ca. 20 Farbfotos, 100 Zeichnungen, kartoniert.
ca.*
DM/Fr **16.80**
S 134,–

**Aquarellmalerei** leicht gemacht. (5099) Von Thomas Hinz, 64 S., 79 Farbfotos, Pappband.
DM/Fr **11.80**
S 94,–

**Naive Malerei** leicht gemacht. (5083) Von Felizitas Krettek, 64 S., 76 Farbfotos, Pappband.
DM/Fr **11.80**
S 94,–

**Ölmalerei** leicht gemacht. (5073) Von Heiner Karsten, 64 S., 62 Farbfotos, Pappband.
DM/Fr **12.80**
S 98,–

**Zeichnen Sie mal – malen Sie mal** (5095) Von Ferry Ahrlé und Volker Kühn, 112 S., 16 Farbtafeln, viele Zeichnungen, kartoniert.
DM/Fr **14.80**
S 118,–

**Bauernmalerei** als Kunst und Hobby. (4057) Von Arbo Gast und Hannie Stegmüller, 128 S., 239 Farbfotos, 26 Riß-Zeichnungen, gebunden.
DM/Fr **36,–**
S 288,–

**Hobby-Bauernmalerei** (0436) Von Senta Ramos und Jo Roszak, 80 S., 116 Farbfotos und 28 Motivvorlagen, kartoniert.
DM/Fr **19.80**
S 158,–

**Bauernmalerei** – leicht gemacht. (5039) Von Senta Ramos, 64 S., 78 Farbfotos, Pappband.
DM/Fr **11.80**
S 94,–

**Glasmalerei** als Kunst und Hobby. (4088) Von Felizitas Krettek und Suzanne Beeh-Lustenberger, 132 S., mit 182 Farbfotos, 38 Motivvorlagen, gebunden.
DM/Fr **36,–**
S 288,–

**Transparente Glasmalerei** leicht gemacht. (5064) Von Felizitas Krettek, 64 S., 62 Farbfotos, Pappband.
DM/Fr **12.80**
S 98,–

**Glasritzen** – ein neues Hobby. (5109) Von Gerlind Mégroz, 64 S., 110 Farbfotos, 15 Zeichnungen, Pappband.
DM/Fr **14.80**
S 118,–

**Brandmalerei** leicht gemacht. (5106) Von Klaus Reinhardt, 64 S., 68 Farbfotos, 23 Zeichnungen, Pappband.
DM/Fr **11.80**
S 94,–

**Töpfern** als Kunst und Hobby. (4073) Von Johann Fricke, 132 S., 37 Farbfotos, 222 s/w-Fotos, gebunden.
DM/Fr **29.80**
S 238,–

**Arbeiten mit Ton** (5048) Von Johann Fricke, 128 S., 15 Farbtafeln, 166 s/w-Fotos, kartoniert.
DM/Fr **14.80**
S 118,–

**Keramik kreativ gestalten** (5072) Von Ewald Stark, 64 S., 117 Farbfotos, 2 Zeichnungen, Pappband.
DM/Fr **11.80**
S 94,–

**Fotografie – Das schöne als Ziel** Zur Ästhetik und Psychologie der visuellen Wahrnehmung. (4122) Von Ewald Stark, 208 S., ca. 230 Farbfotos, 60 Zeichnungen, Ganzleinen, mit vierfarbigem Schutzumschlag. Voraussichtl. Erscheinungstermin: April 1982.
ca.*
DM/Fr **78,–**
S 624,–

**So macht man bessere Fotos** Das meistverkaufte Fotobuch der Welt. (0614) Von Martin L. Taylor, 192 S., über 450 Farbfotos, kartoniert. Voraussichtl. Erscheinungstermin: April 1982.
ca.*
DM/Fr **14.80**
S 118,–

**Schöne Sachen Selbermachen** 88 Ideen zum Modellieren und Verschenken. (5117) Von Evelyn Guder-Thelen, 64 S., 73 Farbfotos, Pappband.
DM/Fr **11.80**
S 94,–

**Modellieren** mit selbsthärtendem Material. (5085) Von Klaus Reinhardt, 64 S., 93 Farbfotos, Pappband.
DM/Fr **11.80**
S 94,–

**Hobby Seidenmalerei** (0611) Von Renate Henge, 96 S., ca. 100 Farbfotos, Mustervorlagen, kartoniert.
DM/Fr **19.80**
S 158,–

**Hobby Holzschnitzen** Von der Astholzfigur zur Vollplastik. (5101) Von Heinz-D. Wilden, 112 S., 16 Farbtafeln, 135 s/w-Fotos, kartoniert.
DM/Fr **14.80**
S 118,–

**Holzspielzeug** selbst gebaut und bemalt. (5104) Von Mathias Kern, 64 S., 103 Farbfotos, 9 Zeichnungen, Pappband.
DM/Fr **12.80**
S 98,–

**Marionetten** entwerfen · gestalten · führen. (5118) Von Axel Krause und Alfred Bayer, 64 S., 83 Farbfotos, 2 s/w-Fotos, 42 Zeichnungen, Pappband.
DM/Fr **14.80**
S 118,–

**Papiermachen** ein neues Hobby. (5105) Von Ralf Weidenmüller, 64 S., 84 Farbfotos, 9 s/w-Fotos, 14 Zeichnungen, Pappband.
DM/Fr **14.80**
S 118,–

**Origami** – die Kunst des Papierfaltens. (0280) Von Robert Harbin, 160 S., über 600 Zeichnungen, kartoniert.
DM/Fr **9.80**
S 78,–

**Papier-Basteleien** (0406) Von Lena Nessle, 96 S., 84 Fotos, 70 Zeichnungen, teils zweifarbig, kartoniert.
DM/Fr **6.80**
S 55,–

**Phantasieblumen** aus Strumpfgewebe, Tauchlack, Papier, Federn. (5091) Von Ruth Scholz-Peters, 64 S., 70 Farbfotos, Pappband.
DM/Fr **12.80**
S 98,–

**Neues farbiges Bastelbuch** (4084) Von Friederike Baresel-Anderle, 248 S., 292 Farbtafeln, 123 Zeichnungen, Pappband.
DM/Fr **19.80**
S 158,–

**Kerzen und Wachsbilder** gießen · modellieren · bemalen. (5108) Von Christa Riess, 64 S., 110 Farbfotos, Pappband.
DM/Fr **11.80**
S 94,–

**Zinngießen** leicht gemacht. (5076) Von Käthi Knauth, 64 S., 85 Farbfotos, Pappband.
DM/Fr **12.80**
S 98,–

**Das Herbarium** Pflanzen sammeln, bestimmen und pressen. Gestalten mit Blüten, Blättern und Gräsern. (5113) Von Ingrid Gabriel, 96 S., 140 Farbtafeln, 6 farbige Zeichnungen, Pappband.
DM/Fr **16.80**
S 134,–

**Trockenblumen und Gewürzsträuße** (5084) Von Gabriele Vocke, 64 S., 63 Farbfotos, Pappband.
DM/Fr **12.80**
S 98,–

**Flechten** mit Bast, Stroh und Peddigrohr. (5098) Von Hanne Hangleiter, 64 S., 47 Farbfotos, 76 Zeichnungen, Pappband.
DM/Fr **12.80**
S 98,–

**Schmuck und Objekte aus Metall und Email** (5078) Von Johann Fricke, 120 S., 183 Abbildungen, kartoniert.
DM/Fr **16.80**
S 134,–

**Makramee** als Kunst und Hobby. (4085) Von Eva Andersen, 128 S., 114 Farbfotos, 157 s/w-Fotos, gebunden.
DM/Fr **34,–**
S 272,–

**Makramee** Knüpfarbeiten leicht gemacht. (5075) Von Birte Pröttel, 64 S., 95 Farbfotos, Pappband.
DM/Fr **11.80**
S 94,–

**Häkeln und Makramee** Techniken – Geräte – Arbeitsmuster. (0320) Von Dr. Marianne Stradal, 104 S., 191 Abbildungen und Schemata, kartoniert.
DM/Fr **6.80**
S 55,–

FALKEN VERLAG

Postfach 1120 · D-6272 Niederhausen/Ts. · Tel. 06127/3011-15 · Telex 04-186585 fves d

1

**Strick mit!** Ein Kurs für Anfänger. (5094) Von Birte Pröttel, 120 S., 72 Farbfotos, 188 s/w-Abbildungen, kartoniert.
DM/Fr 14.80
S 118,–

**Restaurieren von Möbeln** Stilkunde, Materialien, Techniken, Arbeitsanleitungen. (4120) Von Ellinor Schnaus-Lorey, ca. 136 S., ca. 400 Zeichnungen, s/w- und Farbfotos, gebunden, mit vierfarbigem Schutzumschlag. Voraussichtl. Erscheinungstermin: April 1982.
ca.*
DM/Fr 34,–
S 272,–

**Stoff- und Kuscheltiere** stricken, häkeln, nähen. (5090) Von Birte Pröttel, 64 S., 50 Farbfotos, Pappband.
DM/Fr 11.80
S 94,–

**Formen mit Backton** trocknen · backen · bemalen · Neu: Töpfern ohne Brennofen. (0612) Von Angelika Köhler, 32 S., ca. 50 Farbfotos, Spiralbindung.
DM/Fr 6.80
S 55,–

**Gestalten mit Salzteig** Formen · Bemalen · Lackieren. (0613) Von Wolf-Ulrich Cropp, 32 S., ca. 50 Farbfotos.
DM/Fr 6.80
S 55,–

**Leder** schneiden · prägen · besticken. (5125) Von Karl-Heinz Bühler, 64 S., ca. 90 Farbfotos und Zeichnungen, Pappband.
DM/Fr 14.80
S 118,–

**Textiles Gestalten** Spinnen · Weben · Stoffdruck · Batik · Makramee · Sticken. (5123) Von Johann Fricke, ca. 128 S., ca. 180 Farb- und s/w-Fotos, kartoniert. Voraussichtl. I. Halbjahr 1982.
ca.*
DM/Fr 16.80
S 134,–

**Hobby Stoffdruck und Stoffmalerei** (0555) Von Anneliese Ursin, 80 S., 68 Farbfotos, 68 Zeichnungen, kartoniert.
DM/Fr 19.80
S 158,–

**Stoffmalerei und Stoffdruck** leicht gemacht. (5074) Von Heide Gehring, 64 S., 110 Farbfotos, Pappband.
DM/Fr 12.80
S 98,–

**Batik** leicht gemacht. (5112) Von Arbo Gast, 64 S., 105 Farbfotos, Pappband.
DM/Fr 12.80
S 98,–

**Zugeschaut und mitgebaut Band 1** Helmut Scheuer im Hobby-Keller. (5031) Von Helmut Scheuer, 96 S., 218 Farb- und s/w-Fotos, kartoniert.
DM/Fr 14.80
S 118,–

**Zugeschaut und mitgebaut Band 2** Helmut Scheuer im Hobby-Keller. (5061) Von Helmut Scheuer, 120 S., 277 Farb- und s/w-Fotos, kartoniert.
DM/Fr 14.80
S 118,–

**Zugeschaut und mitgebaut Band 3** Helmut Scheuer im Hobby-Keller. (5077) Von Hemut Scheuer, 120 S., 291 Farb- und s/w-Fotos, kartoniert.
DM/Fr 14.80
S 118,–

**Zugeschaut und mitgebaut Band 4** Helmut Scheuer im Hobby-Keller. (5093) Von Helmut Scheuer, 120 S., 122 Farbfotos, 113 s/w-Abbildungen, kartoniert.
DM/Fr 14.80
S 118,–

**Falken-Handbuch Heimwerken** Reparieren und selbermachen in Haus und Wohnung – über 1100 Farbfotos. Sonderteil: Praktisches Energiesparen. (4117) Von Thomas Pochert, 440 S., ca. 1103 Farbfotos, 100 ein- und zweifarbige Abbildungen, gebunden.
DM/Fr 49,–
S 392,–

**Möbel aufarbeiten, reparieren, pflegen** (0386) Von Ellinor Schnaus-Lorey, 96 S., 104 Fotos und Zeichnungen, kartoniert.
DM/Fr 6.80
S 55,–

**Mineralien und Steine** erkennen und bestimmen. Farben · Formen · Fundorte. (0409) Von Rudolf Graubner, 136 S., 100 Farbfotos, kartoniert.
DM/Fr 14.80
S 118,–

**Findet den ersten Stein! Mineralien, Steine und Fossilien** Grundkenntnisse für Hobbysammler. (0437) Von Dieter Stobbe, 96 S., 16 Farbtafeln, 14 s/w-Fotos, 10 Zeichnungen, kartoniert.
DM/Fr 9.80
S 78,–

**Der Verseschmied** Kleiner Leitfaden für Hobbydichter. Mit Reimlexikon (0597) Von Theodor Parisius, ca. 96 S., kartoniert. Voraussichtl. Erscheinungstermin: März 1982.
ca.*
DM/Fr 6.80
S 55,–

**Briefmarken** sammeln für Anfänger. (0481) Von Dieter Stein, 120 S., 4 Farbtafeln, 98 s/w-Abbildungen, kartoniert.
DM/Fr 7.80
S 65,–

**Münzen** Ein Brevier für Sammler. (0353) Von Erhard Dehnke, 128 S., 4 Farbtafeln, 17 s/w-Abbildungen, kartoniert.
DM/Fr 9.80
S 78,–

**Münzen sammeln nach Motiven** (0480) Von Armin Haug, 176 S., 93 s/w-Fotos, kartoniert.
DM/Fr 14.80
S 118,–

**Papiergeld** Ein Brevier für Sammler. (0501) Von Albert Pick, 116 S., 51 s/w-Fotos, kartoniert.
DM/Fr 9.80
S 78,–

**Modellflug-Lexikon** (0549) Von Werner Thies, 280 S., 98 s/w-Fotos, 234 Zeichnungen, Pappband.
DM/Fr 31.50
S 252,–

**Flugmodelle** bauen und einfliegen. (0361) Von Werner Thies und Willi Rolf, 160 S., 63 Abbildungen und 7 Faltpläne, kartoniert.
DM/Fr 12.80
S 98,–

**Ferngelenkte Motorflugmodelle** bauen und fliegen. (0400) Von Werner Thies, 184 S., mit Zeichnungen und Detailplänen, kartoniert.
DM/Fr 12.80
S 98,–

**Das große Modell-Motorenbuch** (0560) Von Roland Schwarz, 236 S., 142 s/w-Fotos, 120 Zeichnungen, kartoniert.
DM/Fr 29.80
S 238,–

**Ferngelenkte Segelflugmodelle** bauen und fliegen. (0446) Von Werner Thies, 176 S., 22 s/w-Fotos, 115 Zeichnungen, kartoniert.
DM/Fr 14.80
S 118,–

**Schiffsmodelle** selber bauen. (0500) Von Dietmar und Reinhard Lochner, 200 S., 93 Zeichnungen, 2 Faltpläne, kartoniert.
DM/Fr 14.80
S 118,–

**Moderne Fotopraxis** Bildgestaltung · Aufnahmepraxis · Kameratechnik · Fotolexikon. (4030) Von Wolfgang Freihen, 304 S., davon 50 vierfarbig, gebunden.
DM/Fr 29.80
S 238,–

**Moderne Schmalfilmpraxis** Ausrüstungen · Drehbuch · Aufnahme · Schnitt · Vertonung. (4043) Von Uwe Ney, 328 S., über 200 Abbildungen, gebunden.
DM/Fr 29.80
S 238,–

**Schmalfilmen** Ausrüstung · Aufnahmepraxis · Schnitt · Ton. (0342) Von Uwe Ney, 108 S., 4 Farbtafeln, 25 s/w-Fotos, kartoniert.
DM/Fr 6.80
S 55,–

**Schmalfilme selbst vertonen** (0593) Von Uwe Ney, ca. 96 S., ca. 30 Fotos, kartoniert. Voraussichtl. Erscheinungstermin: Februar 1982.
ca.*
DM/Fr 7.80
S 65,–

**Falken-Handbuch Videofilmen** Systeme, Kameras, Aufnahme, Ton und Schnitt. (4093) Von Peter Lanzendorf 288 S., 8 Farbtafeln, 165 s/w-Fotos, 25 Zeichnungen, gebunden.
DM/Fr 36,–
S 288,–

**Gitarre spielen** Ein Grundkurs für den Selbstunterricht. (0534) Von Atti Roßmann, 96 S., 1 Schallfolie, 150 Zeichnungen, durchgehend zweifarbig, kartoniert.
DM/Fr 19.8
S 158,–

## Sport

**Die neue Tennis-Praxis** Der individuelle Weg zu erfolgreichem Spiel. (4097) Von Richard Schönborn, 240 S., 202 Farbzeichnungen, gebunden.
DM/Fr 36
S 288,–

**Erfolgreiche Tennis-Taktik** (4086) Von Robert Ford Greene, übersetzt von Michael Rolf Fischer, 181 S., 87 Abbildungen, kartoniert.
DM/Fr 19.
S 158,–

**Tennis kompakt** Der erfolgreiche Weg zu Spiel, Satz und Sieg. (5116) Von Wilfried Taferner, 128 S., 82 s/w-Fotos, 67 Zeichnungen, kartoniert. — DM/Fr 12.80 / S 98,–

**Frust und Freud beim Tennis** Psychologische Studien der Spielertypen und Verhaltensweisen. (4079) Von H. Cath, A. Kahn und N. Cobb, 176 S., gebunden. — DM/Fr 19.80 / S 158,–

**Tennis** Technik – Taktik – Regeln. (0375) Von Harald Elschenbroich, 112 S., 81 Abbildungen, kartoniert. — DM/Fr 6.80 / S 55,–

**Squash** Ausrüstung – Technik – Regeln. (0539) Von Dietrich von Horn und Hein-Dirk Stünitz, 96 S., 55 s/w-Fotos, 25 Zeichnungen, kartoniert. — DM/Fr 8.80 / S 70,–

**Golf** Ausrüstung – Technik – Regeln. (0343) Von J.C. Jessop, übersetzt von Heinz Biemer, mit einem Vorwort von H. Krings, Präsident des Deutschen Golf-Verbandes, 160 S., 65 Abbildungen, Anhang Golfregeln des DGV, kartoniert. — DM/Fr 16.80 / S 134,–

**Tischtennis** modern gespielt mit TT-Quiz 17:21. (0363) Von Ossi Brucker und Tibor Harangozo, 120 S., 65 Abbildungen, kartoniert. — DM/Fr 9.80 / S 78,–

**Basketball** Technik und Übungen für Schule und Verein. (0279) Von Chris Kyriasogiou, 116 S., mit 252 Übungen zur Basketballtechnik, 186 s/w-Fotos und 164 Zeichnungen, kartoniert. — DM/Fr 12.80 / S 98,–

**Fußball** Training und Wettkampf. (0448) Von Holger Obermann und Peter Walz, 166 S., 93 s/w-Fotos, 56 Zeichnungen, kartoniert. — DM/Fr 9.80 / S 78,–

**Mein bester Freund, der Fußball** (5107) Von Detlev Brüggemann und Dirk Albrecht, 144 S., 171 Abbildungen, kartoniert. — DM/Fr 16.80 / S 134,–

**Handball** Technik – Taktik – Regeln. (0426) Von Fritz und Peter Hattig, 128 S., 91 s/w-Fotos, 121 Zeichnungen, kartoniert. — DM/Fr 9.80 / S 78,–

**Volleyball** Technik – Taktik – Regeln. (0351) Von Henner Huhle, 102 S., 330 Abbildungen, kartoniert. — DM/Fr 9.80 / S 78,–

**Segeln** (4207) Von Claus Hehner, 96 S., 106 großformatige Farbfotos, Pappband. — DM/Fr 24.80 / S 198,–

**Segeln** Ein Kurs für Anfänger. (0316) Von H. und L. Blasy, 112 S., 92 Abbildungen, kartoniert. — DM/Fr 7.80 / S 65,–

**Falken-Handbuch Tauchsport** Theorie · Geräte · Technik · Training. (4062) Von Wolfgang Freihen, 264 S., 252 Farbfotos, gebunden. — DM/Fr 36,– / S 288,–

**Wasser-Volleyball** (0456) Von Karl-Friedrich Schwarz und Laszlo Sarossi, 80 S., 54 Abbildungen, kartoniert. — DM/Fr 12.80 / S 98,–

**Windsurfing** Lehrbuch für Grundschein und Praxis. (5028) Von Calle Schmidt, 64 S., 60 Farbfotos, Pappband. — DM/Fr 12.80 / S 98,–

**Falken-Handbuch Angeln** in Binnengewässern und im Meer. (4090) Von Helmut Oppel, 344 S., 24 Farbtafeln, 66 s/w-Fotos, 151 Zeichnungen, gebunden. — DM/Fr 39,– / S 312,–

**Angeln** Kleine Fibel für den Sportfischer. (0198) Von E. Bondick, 96 S., 116 Abbildungen, kartoniert. — DM/Fr 6.80 / S 55,–

**Sportfischen** Fische – Geräte – Technik. (0324) Von Helmut Oppel, 144 S., 49 s/w-Fotos, 8 Farbtafeln, kartoniert. — DM/Fr 9.80 / S 78,–

**Skilanglauf** für jedermann. Lernen – Üben – Anwenden. (5036) Von Heiner Brinkmann, Sporthochschule Köln, 116 S., 133 s/w-Fotos, kartoniert. — DM/Fr 12.80 / S 98,–

**Skischule** Ausrüstung · Technik · Gymnastik. (0369) Von Richard Kerler, 128 S., 100 Abbildungen, kartoniert. — DM/Fr 7.80 / S 65,–

**Ski-Gymnastik** Fit für Piste und Loipe. (0450) Von Hannelore Pilss-Samek, 104 S., 67 s/w-Fotos, 20 Zeichnungen, kartoniert. — DM/Fr 6.80 / S 55,–

**Reiten** Vom ersten Schritt zum Reiterglück. (5033) Von Herta F. Kraupa-Tuskany, 64 S., 34 Farbfotos, 2 Zeichnungen, Pappband. — DM/Fr 12.80 / S 98,–

**Reiten** Dressur · Springen · Gelände. (0415) Von Ute Richter, 168 S., 235 Abbildungen, kartoniert. — DM/Fr 9.80 / S 78,–

**Voltigieren** Pflicht – Kür – Wettkampf. (0455) Von Josephine Bach, 120 S., 4 Farbtafeln, 88 s/w-Fotos, kartoniert. — DM/Fr 12.80 / S 98,–

**Fechten** Florett – Degen – Säbel. (0449) Von Emil Beck, 88 S., 219 Fotos und Zeichnungen, kartoniert. — DM/Fr 11.80 / S 94,–

**Hockey** Technische und taktische Grundlagen. (0398) Von Horst Wein, 152 S., mit vielen Zeichnungen und Fotos, kartoniert. — DM/Fr 16.80 / S 134,–

**Fibel für Kegelfreunde** Sport- und Freizeitkegeln · Bowling. (0191) Von G. Bocsai, 72 S., mit über 60 Abbildungen, kartoniert. — DM/Fr 5.80 / S 49,–

**Beliebte und neue Kegelspiele** (0271) Von Georg Bocsai, 92 S., 62 Abbildungen, kartoniert. — DM/Fr 4.80 / S 39,–

**Pool-Billard** (0484) Herausgegeben vom Deutschen Pool-Billard-Bund, von Manfred Bach, Karl-Werner Kühn, 88 S., mit über 80 Abbildungen, kartoniert. — DM/Fr 7.80 / S 65,–

**Radsport** Radtouristik und Rennen, Technik, Typen. (0550) Von Karl Ziegler und Rolf Lehmann, 120 S., 55 Abbildungen, kartoniert. — DM/Fr 9.80 / S 78,–

**Roller-Skating** Roller-Jogging · Disco-Rolling. (0518) Von Christa-Maria und Richard Kerler, 80 S., 64 s/w-Fotos, 15 Zeichnungen, kartoniert. — DM/Fr 7.80 / S 65,–

**Die Erben Lilienthals Sportfliegen heute** (4054) Von Günter Brinkmann, 240 S., 32 Farbtafeln, 176 s/w-Fotos, 33 Zeichnungen, gebunden. — DM/Fr 39,– / S 312,–

**Sportschießen** für jedermann. (0502) Von Anton Kovacic, 124 S. 116 s/w-Fotos, kartoniert. — DM/Fr 14.80 / S 118,–

**Isometrisches Training** Übungen für Muskelkraft und Entspannung. (0529) Von Lothar M. Kirsch, 140 S., 164 s/w-Fotos, kartoniert. — DM/Fr 9.80 / S 78,–

**Spaß am Laufen** Jogging für die Gesundheit. (0470) Von Werner Sonntag, 128 S., 36 Abbildungen, kartoniert. — DM/Fr 6.80 / S 55,–

**Falken-Handbuch Schach** Das Handbuch für Anfänger und Könner. (4051) Von Theo Schuster, 360 S., über 340 Diagramme, gebunden. — DM/Fr 26,– / S 208,–

**Einführung in das Schachspiel** (0104) Von W. Wollenschläger und K. Colditz, 92 S., 65 Diagramme, kartoniert. — DM/Fr **5.80** S 49,–

**Spielend Schach lernen** (2002) Von Theo Schuster, 128 S., kartoniert. — DM/Fr **6.80** S 55,–

**Schach für Fortgeschrittene** Taktik und Probleme des Schachspiels. (0219) Von Rudolf Teschner, 96 S., 85 Schachdiagramme, kartoniert. — DM/Fr **5.80** S 49,–

**Schach-WM '81** Karpow – Kortschnoi. Mit ausführlichem Kommentar zu allen Partien. (0583) Von Großmeister H. Pfleger, O. Borik, 179 S., zahlreiche Diagramme und Fotos, kartoniert. — DM/Fr **16.80** S 134,–

**Schach dem Weltmeister Karpow** (0433) Von Theo Schuster, 164 S., 19 Abbildungen, 83 Diagramme, kartoniert. — DM/Fr **12.80** S 98,–

**Neue Schacheröffnungen** (0478) Von Theo Schuster, 108 S., 100 Diagramme, kartoniert. — DM/Fr **8.80** S 70,–

**Kinder- und Jugendschach** Offizielles Lehrbuch zur Erringung der Bauern-, Turm- und Königsdiplome des Deutschen Schachbundes. (0561) Von B.J. Withuis und Dr. H. Pfleger, 144 S., 11 s/w-Fotos, 223 Abbildungen, kartoniert. — DM/Fr **12.80** S 98,–

**Schachstrategie** Ein Intensivkurs mit Übungen und ausführlichen Lösungen. (0584) Von Alexander Koblenz, dt. Bearb. von Karl Colditz, ca. 144 S., ca. 130 Diagramme, kartoniert. Voraussichtl. Erscheinungstermin: April 1982. — ca.* DM/Fr **14.80** S 118,–

**Bodybuilding** Anleitung zum Muskel- und Konditionstraining für sie und ihn. (0604) Von Reinhard Smolana, 160 S., 172 Fotos, kartoniert. — DM/Fr **9.80** S 78,–

**Walking** Fit, schlank und gesund durch Sportgehen. (0602) Von Gary D. Yanker, ca. 112 S., ca. 50 Fotos, kartoniert. Voraussichtl. Erscheinungstermin: März 1982. — ca.* DM/Fr **9.80** S 78,–

## Budo

**Budo-Lexikon** 1700 Fachausdrücke fernöstlicher Kampfsportarten. (0383) Von Herbert Velte, 152 S., 95 Abbildungen, kartoniert. — DM/Fr **12.80** S 98,–

**Judo** Grundlagen des Stand- und Bodenkampfes. (4013) Von Wolfgang Hofmann, 244 S., 589 Fotos, gebunden. — DM/Fr **29.80** S 238,–

**Neue Lehrmethoden der Judo-Praxis** (0424) Von Pierre Herrmann, 223 S., 475 Abbildungen, kartoniert. — DM/Fr **16.80** S 134,–

**Judo** Grundlagen – Methodik. (0305) Von Mahito Ohgo, 208 S., 1025 Fotos, kartoniert. — DM/Fr **14.80** S 118,–

**Wir machen Judo** (5069) Von Riccardo Bonfranchi und Ulrich Klocke, 92 S., mit Bewegungsabläufen in cartoonartigen zweifarbigen Zeichnungen, kartoniert. — DM/Fr **12.80** S 98,–

**Fußwürfe** für Judo, Karate und Selbstverteidigung. (0439) Von Hayward Nishioka, übersetzt von Hans-Jürgen Hesse, 96 S., 260 Abbildungen, kartoniert. — DM/Fr **9.80** S 78,–

**Das Karate-Buch-Ereignis seit Jahren! Alles Wissen über KARATE – diese hohe Kunst der Selbstverteidigung – erscheint in einer 8bändigen Buchserie.**

**Nakayamas Karate perfekt 1** Einführung. (0487) Von Masatoshi Nakayama, 136 S., 605 s/w-Fotos, kartoniert. — DM/Fr **19.80** S 158,–

**Nakayamas Karate perfekt 2** Grundtechniken. (0512) Von Masatoshi Nakayama, 136 S., 354 s/w-Fotos, 53 Zeichnungen, kartoniert. — DM/Fr **19.80** S 158,–

**Nakayamas Karate perfekt 3** Kumite 1: Kampfübungen. (0538) Von Masatoshi Nakayama, 128 S., 424 s/w-Fotos, kartoniert. — DM/Fr **19.80** S 158,–

**Nakayamas Karate perfekt 4** Kumite 2: Kampfübungen. (0547) Von Masatoshi Nakayama, 128 S., 394 s/w-Fotos, kartoniert. — DM/Fr **19.80** S 158,–

**Nakayamas Karate perfekt 5** Kata 1: Heian, Tekki. (0571) Von Masatoshi Nakayama, 144 S., 1229 s/w-Fotos, kartoniert. — DM/Fr **19.80** S 158,–

**Nakayamas Karate perfekt 6** Kata 2: Bassai-Dai, Kanku-Dai. (0600) Von Masotoshi Nakayama, Übers. Hans-Jürgen Hesse, 144 S., ca. 1300 Fotos, kartoniert. — DM/Fr **19.80** S 158,–

**Karate für Frauen und Mädchen** Sport und Selbstverteidigung. (0425) Von Albrecht Pflüger, 168 S., 259 s/w-Fotos, kartoniert. — DM/Fr **9.80** S 78,–

**Karate I** Einführung · Grundtechniken (0227) Von Albrecht Pflüger, 148 S., 195 s/w-Fotos und Zeichnungen, kartoniert. — DM/Fr **9.80** S 78,–

**Karate II** Kombinationstechniken · Katas. (0239) Von Albrecht Pflüger, 176 S., 452 s/w-Fotos und Zeichnungen, kartoniert. — DM/Fr **9.80** S 78,–

**Karate-Do** Das Handbuch des modernen Karate. (4028) Von Albrecht Pflüger, 360 S., 1159 Abbildungen, gebunden. — DM/Fr **29.80** S 238,–

**Karate für alle** Karate-Selbstverteidigung in Bildern. (0314) Von Albrecht Pflüger, 112 S., 356 s/w-Fotos, kartoniert. — DM/Fr **8.80** S 70,–

**Kontakt-Karate** Ausrüstung · Technik · Training. (0396) Von Albrecht Pflüger, 112 S., 238 s/w-Fotos, kartoniert. — DM/Fr **12.80** S 98,–

**Der König des Kung-Fu Bruce Lee** Sein Leben und Kampf. (0392) Von seiner Frau Linda. Deutsch von W. Nottrodt, 136 S., 104 s/w-Fotos, mit großem Bruce-Lee-Poster, kartoniert. — DM/Fr **19.80** S 158,–

**Bo-Karate** Kukishin-Ryu – die Techniken des Stockkampfes. (0447) Von Georg Stiebler, 176 S., 424 s/w-Fotos, 38 Zeichnungen, kartoniert. | **DM**/Fr **16.80** S 134,–

**Bruce Lees Jeet Kune Do** (0440) Von Bruce Lee übersetzt von Hans-Jürgen Hesse, 192 S., mit 105 eigenhändigen Zeichnungen von Bruce Lee, kartoniert. | **DM**/Fr **19.80** S 158,–

**Bruce Lees Kampfstil 1** Grundtechniken. (0473) Von Bruce Lee und M. Uyehara, 109 S., 220 Abbildungen, kartoniert. | **DM**/Fr **9.80** S 78,–

**Bruce Lees Kampfstil 2** Selbstverteidigungstechniken. (0486) Von Bruce Lee und M. Uyehara, 128 S., 310 Abbildungen, kartoniert. | **DM**/Fr **9.80** S 78,–

**Bruce Lees Kampfstil 3** Trainingslehre. (0503) Von Bruce Lee und M. Uyehara, 112 S., 246 Abbildungen, kartoniert. | **DM**/Fr **9.80** S 78,–

**Bruce Lees Kampfstil 4** Kampftechniken. (0523) Von Bruce Lee und M. Uyehara, 104 S., 211 Abbildungen, kartoniert. | **DM**/Fr **9.80** S 78,–

**Kung-Fu und Tai-Chi** Grundlagen und Bewegungsabläufe. (0367) Von Bruce Tegner, 182 S., 370 s/w-Fotos, kartoniert. | **DM**/Fr **14.80** S 118,–

**Kung-Fu II** Theorie und Praxis klassischer und moderner Stile. (0376) Von Manfred Pabst, 160 S., 330 Abbildungen, kartoniert. | **DM**/Fr **12.80** S 98,–

**Shaolin-Kempo – Kung-Fu** Chinesisches Karate im Drachenstil. (0395) Von Ronald Czerni und Klaus Konrad, 236 S., 723 Abbildungen, kartoniert. | **DM**/Fr **19.80** S 158,–

**Ju-Jutsu** Grundtechniken – Moderne Selbstverteidigung. (0276) Von Werner Heim und Franz J. Gresch, 160 S., 460 s/w-Fotos, kartoniert. | **DM**/Fr **9.80** S 78,–

**Ju-Jutsu 2** für Fortgeschrittene und Meister. (0378) Von Werner Heim und Franz J. Gresch, 164 S., 798 s/w-Fotos, kartoniert. | **DM**/Fr **19.80** S 158,–

**Ju-Jutsu 3** Spezial-, Gegen- und Weiterführungstechniken. (0485) Von Werner Heim und Franz J. Gresch, 214 S., über 600 s/w-Fotos, kartoniert. | **DM**/Fr **19.80** S 158,–

**Nunchaku** Waffe · Sport · Selbstverteidigung. (0373) Von Albrecht Pflüger, 144 S., 247 Abbildungen, kartoniert. | **DM**/Fr **16.80** S 134,–

**Shuriken · Tonfa · Sai** Stockfechten und andere bewaffnete Kampfsportarten aus Fernost. (0397) Von Andreas Schulz, 96 S., 253 s/w-Fotos, kartoniert. | **DM**/Fr **12.80** S 98,–

**Illustriertes Handbuch des Taekwon-Do** Koreanische Kampfkunst und Selbstverteidigung. (4053) Von Konstantin Gil, 248 S., 1026 Abbildungen, gebunden. | **DM**/Fr **29.80** S 238,–

**Taekwon-Do** Koreanischer Kampfsport. (0347) Von Konstantin Gil, 152 S., 408 Abbildungen, kartoniert. | **DM**/Fr **12.80** S 98,–

**Aikido** Lehren und Techniken des harmonischen Weges. (0537) Von Rolf Brand, 280 S., 697 Abbildungen, kartoniert. | **DM**/Fr **19.80** S 158,–

**Hap Ki Do** Grundlagen und Techniken koreanischer Selbstverteidigung. (0379) Von Kim Sou Bong, 112 S., 153 Abbildungen, kartoniert. | **DM**/Fr **14.80** S 118,–

**Dynamische Tritte** Grundlagen für den Zweikampf. (0438) Von Chong Lee, übersetzt von Manfred Pabst, 96 S., 398 s/w-Fotos, 10 Zeichnungen, kartoniert. | **DM**/Fr **9.80** S 78,–

ZDF · ORF · DRS **KOMPASS Jugend-Lexikon** (4096) Von Richard Kerler, Jochen Blum, unter Mitarbeit von Ursula Kopp, 336 S., 766 Farbfotos, 39 s/w-Fotos und Zeichnungen, Pappband. | **DM**/Fr **29.80** S 238,–

**Freizeit mit dem Mikroskop** (0291) Von Martin Deckart, 132 S., 69 s/w-Fotos, 4 Zeichnungen, kartoniert. | **DM**/Fr **9.80** S 78,–

**Die schnellsten Motorboote der Welt** (4210) Von Hans G. Isenberg, 96 S., 104 großformatige Farbfotos, Pappband. | **DM**/Fr **24.80** S 198,–

**Keine Angst vorm Fliegen** (0463) Von Rudolf Braunburg und R.J. Pieritz, 159 S., 15 Farbtafeln, 68 s/w-Fotos, kartoniert. | **DM**/Fr **12.80** S 98,–

**Die tollsten Motorflugzeuge aller Zeiten** (4208) Von Richard J. Höhn und Hans G. Isenberg, 96 S., 86 großformatige Farbfotos, Pappband. | **DM**/Fr **19.80** S 158,–

**Zivilflugzeuge** Vom Kleinflugzeug zum Überschall-Jet. (4218) Von Richard J. Höhn und Hans G. Isenberg, 96 S., 115 großformatige Farbfotos, Pappband. | **DM**/Fr **19.80** S 158,–

**Die schnellsten Autos der Welt** (4201) Von Hans G. Isenberg, und Dirk Maxeiner, 96 S., 110 meist vierfarbige Abbildungen, Pappband. | **DM**/Fr **19.80** S 158,–

**CB-Code** Wörterbuch und Technik. (0435) Von Richard Kerler, 120 S., mit technischen Abbildungen, kartoniert. | **DM**/Fr **7.80** S 65,–

**Die rasantesten Rallyes der Welt** (4213) Von Hans G. Isenberg und Dirk Maxeiner, 96 S., 116 großformatige Farbfotos, Pappband. | **DM**/Fr **19.80** S 158,–

**Auto-Rallyes für jedermann** Planen – ausrichten – mitfahren. (0457) Von Rüdiger Hagelberg, 104 S., kartoniert. | **DM**/Fr **9.80** S 78,–

**Raketen auf Rädern** Autos und Motorräder an der Schallgrenze. (4220) Von Hans G. Isenberg, 96 S., 112 großformatige Farbfotos, 21 s/w-Fotos, Pappband. | **DM**/Fr **19.80** S 158,–

# Wissen und Technik

**Antiquitäten-(Ver)führer** Stilkunde – Wert – Echtheitsbestimmung. (5057) Von Margot Lutze, 128 S., 191 Farbfotos, Pappband. | **DM**/Fr **19.80** S 158,–

**Heiße Öfen** Motorräder · Motorsport. (5008) Von Horst Briel, 64 S., 63 Farbfotos, Pappband. | **DM**/Fr **12.80** S 98,–

**Dampflokomotiven** (4204) Von Werner Jopp, 96 S., 134 großformatige Farbfotos, Pappband. | **DM**/Fr **24.80** S 198,–

**Der Sklave Calvisius** Alltag in einer römischen Provinz 150 n. Chr. (4058) Von Alice Ammermann, Tillmann Röhrig, Gerhard Schmidt, 96 S., 99 Farbfotos und farbige Zeichnungen, 47 s/w-Fotos und Zeichnungen, Pappband. | **DM**/Fr **19.80** S 158,–

**Motorrad-Hits** Chopper, Tribikes, Heiße Öfen (4221) Von Hans Georg Isenberg, 96 S., über 120 Farbfotos, Pappband. — DM/Fr 24.80 / S 198,–

**Die schnellsten Motorräder der Welt** (4206) Von Hans G. Isenberg und Dirk Maxeiner, 96 S., 100 großformatige Farbfotos, Pappband. — DM/Fr 19.80 / S 158,–

**Energie aus Sonne, Wasser, Wind und Eis** Alles über Wärmedämmung, Wärmepumpen, Sonnendächer und andere Systeme. (0552) Von Volker Petzold, 216 S., 124 Abbildungen, kartoniert. — DM/Fr 16.80 / S 134,–

# Pflanzen, Garten, Tiere

**Faszination Berg** zwischen Alpen und Himalaya. (4214) Von Toni Hiebeler, 96 S., 100 großformatige Farbfotos, Pappband. — DM/Fr 22.80 / S 182,–

**Die bunte Welt der Wiesenblumen** (4217) Von Friedrich Jantzen, 96 S., 121 großformatige Farbfotos, Pappband. — DM/Fr 19.80 / S 158,–

**Gefährdete und geschützte Pflanzen** erkennen und benennen. (0596) Von Wieland Schnedler und Karl Wolfstetter, 160 S., ca. 120 Farbfotos, kartoniert. Voraussichtl. Erscheinungstermin: März 1982. — ca.* DM/Fr 19.80 / S 158,–

**Großes Kräuter- und Gewürzbuch** (4026) Von Heinz Görz, 584 S., 40 Farbtafeln, 152 Abbildungen, gebunden. — DM/Fr 36,– / S 288,–

**Gesundes Leben im Naturgarten** So wird man erfolgreicher Bio-Gärtner. (4124) Von Norbert Jorek, 136 S., ca. 75 Fotos, kartoniert. Voraussichtl. Erscheinungstermin: März 1982. — ca.* DM/Fr 12.80 / S 98,–

**Arzneikräuter und Wildgemüse** erkennen und benennen. (0459) Von Jörg Raithelhuber, 144 S., 108 Farbfotos, kartoniert. — DM/Fr 14.80 / S 118,–

**Die farbige Kräuterfibel** (0245) Von Ingrid Gabriel, 196 S., 49 farbige und 97 s/w-Abbildungen, Pappband. — DM/Fr 14.80 / S 118,–

**Bäume und Sträucher** erkennen und benennen. (0509) Von Jörg Raithelhuber, 116 S., 108 Farbfotos, kartoniert. — DM/Fr 16.80 / S 134,–

**Beeren und Waldfrüchte** erkennen und benennen, eßbar oder giftig? (0401) Von Jörg Raithelhuber, 120 S., 94 Farbfotos, kartoniert. — DM/Fr 16.80 / S 134,–

Falken-Handbuch **Pilze** Mit über 250 Farbfotos und Rezepten. (4061) Von Martin Knoop, 276 S., 250 Farbfotos, 28 Zeichnungen, gebunden. — DM/Fr 36,– / S 288,–

**Pilze** erkennen und benennen. (0380) Von Jörg Raithelhuber, 136 S., 110 Farbfotos, kartoniert. — DM/Fr 14.80 / S 118,–

Falken-Handbuch **Der Garten** Das moderne illustrierte Standardwerk. (4044) Von Gerhard Bambach, unter Mitarbeit von Ulrich Kaiser, Wolfgang Velte und Joachim Zech, 854 S., 46 Farbtafeln, 972 s/w-Fotos, 85 Zeichnungen, gebunden. — DM/Fr 46,– / S 368,–

**Das Gartenjahr** Arbeitsplan für draußen und drinnen. (4075) Von Gerhard Bambach, 152 S., 16 Farbtafeln, viele Abbildungen, kartoniert. — DM/Fr 12.80 / S 98,–

**Gärtnern** (5004) Von Inge Manz, 64 S., 38 Farbfotos, Pappband. — DM/Fr 11.80 / S 94,–

**Steingärten** Anlage – Pflanzen – Pflege. (5092) Von Martin Haberer, 64 S., 90 Farbfotos, Pappband. — DM/Fr 12.80 / S 98,–

**Gartenteiche und Wasserspiele** planen, anlegen und pflegen. (4083) Von Horst R. Sikora, 160 S., 16 Farbtafeln, über 100 Skizzen und Abbildungen, Pappband. — DM/Fr 29.80 / S 238,–

**Ziersträucher und -bäume im Garten** (5071) Von Inge Manz, 64 S., 91 Farbfotos, Pappband. — DM/Fr 12.80 / S 98,–

**Blumenpracht im Garten** (5014) Von Inge Manz, 64 S., 93 Farbfotos, Pappband. — DM/Fr 12.80 / S 98,–

**Rosen** Arten – Pflanzung – Pflege. (5065) Von Inge Manz, 64 S., 60 Farbfotos, Pappband. — DM/Fr 11.80 / S 94,–

**Frühbeet und Kleingewächshaus** (5055) Von Gustav Schoser, 64 S., 43 Farbfotos, Pappband. — DM/Fr 12.80 / S 98,–

**Gemüse und Kräuter** frisch und gesund aus eigenem Anbau. (5024) Von Mechthild Hahn, 64 S., 71 Farbfotos, Pappband. — DM/Fr 12.80 / S 98,–

Joachim Zech
**Der Obstgarten**
Pflanzung · Pflege · Baumschnitt · Neuheiten
FALKEN VERLAG

**Der Obstgarten** Pflanzung · Pflege · Baumschnitt · Neuheiten. (5100) Von Joachim Zech, 64 S., 54 Farbfotos, Pappband. — DM/Fr 12.80 / S 98,–

**Balkons in Blütenpracht** zu allen Jahreszeiten. (5047) Von Nikolaus Uhl, 64 S., 82 Farbfotos, Pappband. — DM/Fr 12.80 / S 98,–

**Grabgestaltung** Bepflanzung und Pflege zu jeder Jahreszeit. (5120) Von Nikolaus Uhl, 64 S., 77 Farbfotos, 2 Zeichnungen, Pappband. — DM/Fr 14.80 / S 118,–

**Bonsai** Japanische Miniaturbäume und Miniaturlandschaften. Anzucht, Gestaltung und Pflege. (4091) Von Benedikt Lesniewicz, 160 S., 106 Farbfotos, 46 s/w-Fotos, 115 Zeichnungen, gebunden. — DM/Fr 58,– / S 549,–

Falken-Handbuch
Zimmerpflanzen
1600 Pflanzenporträts über 450 Farbfotos
FALKEN VERLAG

Falken-Handbuch **Zimmerpflanzen** 1600 Pflanzenporträts. (4082) Von Rolf Blaich, 432 S., 480 Farbfotos, 84 Zeichnungen, 1600 Pflanzenbeschreibungen, gebunden. — DM/Fr 39,– / S 312,–

**Zimmerpflanzen** in Farbe. (5010) Von Inge Manz, 64 S., 98 Farbfotos, Pappband. — DM/Fr 11.80 / S 94,–

**Zimmerbäume, Palmen und andere Blattpflanzen** (5111) Von Gustav Schoser, 96 S., 98 Farbfotos, 7 Zeichnungen, Pappband. — DM/Fr 16.80 / S 134,–

**Hydrokultur** Pflanzen ohne Erde – mühelos gepflegt. (4080) Von Hans-August Rotter, 120 S., 67 farbige und s/w-Abbildungen sowie Zeichnungen, gebunden. — DM/Fr 19.80 / S 158,–

**Blütenpracht in Grolit 2000** Der neue, mühelose Weg zu farbenprächtigen Zimmerpflanzen. (5127) Von Gabriele Vocke, 64 S., 50 Farbfotos, Pappband. — DM/Fr 9.80 / S 78,–

**Faszinierende Formen und Farben Kakteen** (4211) Von Katharina und Franz Schild, 96 S., 127 großformatige Farbfotos, Pappband. — DM/Fr 19.80 / S 158,–

**Kakteen** Herkunft, Anzucht, Pflege, Klimabedingungen. (5021) Von Werner Hoffmann, 64 S., 70 Farbfotos, Pappband. — DM/Fr 11.80 / S 94,–

**Fibel für Kakteenfreunde** (0199) Von H. Herold, 102 S., 8 Farbtafeln, kartoniert. — DM/Fr 7.80 / S 65,–

**Kakteen und andere Sukkulenten** 300 Arten mit über 500 Farbfotos. (4116) Von Günter Andersohn, ca. 320 S., gebunden, mit vierfarbigem Schutzumschlag. Voraussichtl. Erscheinungstermin: März 1982. — ca.* DM/Fr 36,– / S 288,–

**Sukkulenten** Mittagsblumen, Lebende Steine, Wolfsmilchgewächse u.a. (5070) Von Werner Hoffmann, 64 S., 82 Farbfotos, Pappband. — DM/Fr 11.80 / S 94,–

**Orchideen** (4215) Von Gustav Schoser, 96 S., 143 großformatige Farbfotos, Pappband. — DM/Fr **24.80** S 198,–

**Orchideen** Eigenart – Schnittblumen – Topfkultur – Pflege. (5038) Von Gustav Schoser, 64 S., 75 Farbfotos, Pappband. — DM/Fr **14.80** S 118,–

**Sag's mit Blumen** Pflege und Arrangieren von Schnittblumen. (5103) Von Peter Möhring ca. 64 S., ca. 70 Farbfotos, Pappband. Voraussichtl. Erscheinungstermin: 1. Halbjahr 82 — ca.* DM/Fr **9.80** S 78,–

**Ikebana** Einführung in die japanische Kunst des Blumensteckens. (0548) Von Gabriele Vocke, 152 S., 47 Farbfotos, kartoniert. — DM/Fr **19.80** S 158,–

**Blumengestecke im Ikebanastil** (5041) Von Gabriele Vocke, 64 S., 37 Farbfotos, viele Zeichnungen, kartoniert. — DM/Fr **14.80** S 118,–

**Dauergestecke** mit Zweigen, Trocken- und Schnittblumen. (5121) Von Gabriele Vocke, 64 S., ca. 50 Farbfotos, Pappband. Voraussichtl. Erscheinungstermin: 1. Halbjahr 82 — ca.* DM/Fr **14.80** S 118,–

Falken-Handbuch **Hunde** (4118) Von Horst Bielfeld, 176 S., 222 Farbfotos und Farbzeichnungen, gebunden. — DM/Fr **39,–** S 312,–

**Hunde** Rassen · Erziehung · Haltung. (4209) Von Horst Bielfeld, 96 S., 101 großformatige Farbfotos, Pappband. — DM/Fr **19.80** S 158,–

**Das neue Hundebuch** Rassen · Aufzucht · Pflege. (0009) Von W. Busack, überarbeitet von Dr. med. vet. A.H. Hacker, 104 S., viele Abbildungen, kartoniert. — DM/Fr **8.80** S 70,–

Falken-Handbuch **Der Deutsche Schäferhund** (4077) Von Ursula Förster, 228 S., 160 farbige und s/w-Abbildungen sowie Zeichnungen, gebunden. — DM/Fr **29.80** S 238,–

**Der Deutsche Schäferhund** (0073) Von Alfred Hacker, 104 S., 24 Abbildungen, kartoniert. — DM/Fr **7.80** S 65,–

**Dackel, Teckel, Dachshund** Aufzucht · Pflege · Ausbildung. (0508) Von Marianne Wein-Gysae, 104 S., 4 Farbtafeln, 43 s/w-Fotos, 2 Zeichnungen, kartoniert. — DM/Fr **9.80** S 78,–

**Hunde-Ausbildung** Verhalten – Gehorsam – Abrichtung. (0346) Von Prof. Dr. R. Menzel, 96 S., 18 Fotos, kartoniert. — DM/Fr **7.80** S 65,–

**Hundekrankheiten** Erkennung und Behandlung · Steuerung des Sexualverhaltens. (0570) Von Dr. med. vet. Rolf Spangenberg, 128 S., 68 s/w-Fotos, 10 Zeichnungen, kartoniert. — DM/Fr **9.80** S 78,–

**Ziervögel** in Haus und Voliere. Arten – Verhalten – Pflege. (0377) Von Horst Bielfeld, 144 S., 32 Farbfotos, kartoniert. — DM/Fr **9.80** S 78,–

**Papageien und Sittiche** Arten · Pflege · Sprechunterricht. (0591) Von Horst Bielfeld, ca. 96 S., über 80 Farbfotos, kartoniert. Voraussichtl. Erscheinungstermin: April 1982. — ca.* DM/Fr **9.80** S 78,–

**Vögel** Die wichtigsten Arten Mitteleuropas. Erkennen und benennen. (0554) Von Joachim Zech, 152 S., 135 Farbfotos, 4 s/w-Fotos, 5 Zeichnungen, kartoniert. — DM/Fr **16.80** S 134,–

**Schmetterlinge** Tagfalter Mitteleuropas erkennen und benennen. (0510) Von Thomas Ruckstuhl, 156 S., 136 Farbfotos, kartoniert. — DM/Fr **16.80** S 134,–

**Insekten Mitteleuropas** erkennen und benennen. (0588) Von Helmut Bechtel, ca. 144 S., ca. 120 Farbfotos, 15 Zeichnungen, kartoniert. Voraussichtl. Erscheinungstermin: März 1982. — ca.* DM/Fr **16.80** S 134,–

**Ponys** Rassen, Haltung, Reiten. (4205) Von Stefan Braun, 96 S., 84 großformatige Farbfotos, Pappband. — DM/Fr **19.80** S 158,–

**Dinosaurier** und andere Tiere der Urzeit. (4219) Von Gerolf Alschner, 96 S., 81 großformatige Farbzeichnungen, 4 s/w-Fotos, Pappband. — DM/Fr **19.80** S 158,–

**Süßwasser-Aquaristik** Exotische Welt im Glas. (5080) Von Lothar Scheller, 64 S., 67 Farbfotos und Zeichnungen, Pappband. — DM/Fr **14.80** S 118,–

**Das Süßwasser-Aquarium** Einrichtung – Pflege – Fische – Pflanzen (0153) Von H.J. Mayland, 132 S., 163 Zeichnungen, 8 Farbtafeln, kartoniert. — DM/Fr **8.80** S 70,–

**Aquarienfische** des tropischen Süßwassers. (5003) Von Hans J. Mayland, 64 S., 98 Farbfotos, Pappband. — DM/Fr **12.80** S 98,–

**Das Meerwasser-Aquarium** Einrichtung – Pflege – Fische und niedere Tiere. (0281) Von Hans J. Mayland, 146 S., 30 farbige und 228 s/w-Abbildungen, kartoniert. — DM/Fr **14.80** S 118,–

Falken-Handbuch **Das Terrarium** (4069) Von Burkhard Kahl, Paul Gaupp, Dr. Günter Schmidt, 336 S., 215 Farbfotos, gebunden. — DM/Fr **48,–** S 384,–

**Katzen** Rassen · Haltung · Pflege. (4216) Von Brigitte Eilert-Overbeck, 96 S., 82 großformatige Farbfotos, Pappband. — DM/Fr **19.80** S 158,–

**Das neue Katzenbuch** Rassen – Aufzucht – Pflege. (0427) Von Brigitte Eilert-Overbeck, 136 S., 14 Farbfotos, 26 s/w-Fotos, kartoniert. — DM/Fr **8.80** S 70,–

**Das Aquarium** Einrichtung, Pflege und Fische für Süß- und Meerwasser. (4029) Von Hans J. Mayland, 334 S., über 415 Farbfotos und Farbtafeln, 150 Zeichnungen, gebunden. — DM/Fr **39,–** S 312,–

**Süßwasser-Aquarienfische** (4212) Von Burkhard Kahl, 96 S., 108 großformatige Farbfotos, Pappband. — DM/Fr **22.80** S 182,–

# Essen und Trinken

**Kochen, was allen schmeckt** 1700 Koch- und Back-rezepte für jede Gelegenheit. (4098) Von Anneliese und Gerhard Eckert, 796 S., 60 Farbtafeln, Pappband.    DM/Fr 19.80 / S 158,–

**Köstliche Suppen** für jede Tages- und Jahreszeit. (5122) Von Elke Fuhrmann, 64 S., 38 Farbfotos, Papp-band.    DM/Fr 11.80 / S 94,–

**Max Inzingers 111 beste Rezepte** (4041) Von Max Inzinger, 124 S., 35 Farbtafeln, kartoniert.    DM/Fr 19.80 / S 158,–

**Desserts** (5020) Von Margrit Gutta, 64 S., 38 Farb-fotos, Pappband.    DM/Fr 12.80 / S 98,–

**Omas Küche und unsere Küche heute** (4089) Von J. Peter Lemcke, 160 S., 8 Farbtafeln, 95 Zeichnungen, Pappband.    DM/Fr 24.80 / S 198,–

**Gesund kochen** wasserarm · fettfrei · aromatisch. (4060) Von Margrit Gutta, 240 S., 16 Farbtafeln, Papp-band.    DM/Fr 19.80 / S 158,–

**Der lachende Feinschmecker** Fred Metzlers Rezepte mit Pointen. (0475) Von Fred Metzler, 136 S., mit Zeichnungen von Ferry Ahrlé, Pappband.    DM/Fr 12.80 / S 98,–

**Alternativ essen** Die gesunde Sojaküche. (0553) Von Uwe Kolster, 112 S., 8 Farbtafeln, kartoniert.    DM/Fr 9.80 / S 78,–

**Was koche ich heute?** Neue Rezepte für Fix-Gerichte. (0608) Von Annette Badelt-Vogt, 112 S., 16 Farbtafeln, kartoniert.    DM/Fr 9.80 / S 78,–

**Gesunde Kost aus dem Römertopf** (0442) Von Jutta Kramer, 128 S., 8 Farbtafeln, 13 Zeichnungen, karto-niert.    DM/Fr 7.80 / S 65,–

**Kulinarische Genüsse für Verliebte** (4071) Von Claus Arius, 128 S., 16 Farbtafeln, gebunden.    DM/Fr 24.80 / S 198,–

**Ganz und gar mit Mikrowellen** (4094) Von Tina Peters, 208 S., 24 Farbtafeln, 12 Zeichnungen, Papp-band.    DM/Fr 29.80 / S 238,–

**Das neue Mikrowellen-Kochbuch** (0434) Von Her-mann Neu, 64 S., 4 Farbtafeln, kartoniert.    DM/Fr 5.80 / S 49,–

**Kochen und backen im Heißluftherd** Vorteile, Gebrauchsanleitung, Rezepte. (0516) Von Katharina Kölner, 72 S., 8 Farbtafeln, kartoniert.    DM/Fr 7.80 / S 65,–

**Schnell gekocht – gut gekocht** mit vielen Rezepten für Schnellkochtöpfe und Schnellbratpfannen. (0265) Von Irmgard Pérsy, 96 S., 8 Farbtafeln, kartoniert.    DM/Fr 7.80 / S 65,–

**Das neue Fritieren** geruchlos, schmackhaft und gesund. (0365) Von Petra Kühne, 96 S., 8 Farbtafeln, kartoniert.    DM/Fr 7.80 / S 65,–

**Hobby-Kochbuch für Tiefkühlkost** (0302) Von Ruth Vollmer-Ruprecht, 104 S., 8 Farbtafeln, kartoniert.    DM/Fr 8.80 / S 70,–

**Schnelle Küche** (4095) Von Anneliese und Gerhard Eckert, 136 S., 15 Farbtafeln, 61 Zeichnungen, karto-niert.    DM/Fr 9.80 / S 78,–

**Alles über Einkochen, Einlegen, Einfrieren** Gesund und herzhaft. (4055) Von Birgit Müller, 152 S., 16 Farb-tafeln, kartoniert.    DM/Fr 12.80 / S 98,–

**Kochen für 1 Person** Rationell wirtschaften, abwechs-lungsreich und schmackhaft zubereiten. (0586) Von M. Nicolin, ca. 144 S., 8 Farbtafeln, 12 Zeichnungen, kartoniert. Voraussichtl. Erscheinungstermin: März 1982.    ca.* DM/Fr 9.80 / S 78,–

**Einkochen** nach allen Regeln der Kunst. (0405) Von Birgit Müller, 96 S., 8 Farbtafeln kartoniert.    DM/Fr 6.80 / S 55,–

**Natursammlers Kochbuch** Wildfrüchte und -gemüse, Pilze, Kräuter – finden und zubereiten. (4040) Von Christa-Maria Kerler, 140 S., 12 Farbtafeln, gebunden.    DM/Fr 19.8 / S 158,–

**Die besten Eintöpfe und Aufläufe** (5079) Von Anne-liese und Gerhard Eckert, 64 S., 49 Farbfotos, Papp-band.    DM/Fr 11.80 / S 94,–

**Kräuter- und Heilpflanzen-Kochbuch** für eine gesunde Lebensweise. (4066) Von Pia Pervenche, 143 S., 15 Farbtafeln, kartoniert.    DM/Fr 12.8 / S 98,–

**Kalte und warme Vorspeisen** einfach · herzhaft · raffiniert. (5045) Von Karin Iden, 64 S., 43 Farbfotos, Pappband.    DM/Fr 12.80 / S 98,–

**Mie:es Kräuter- und Gewürzkochbuch** (0323) Von Irmgard Persy und Klaus Mieke, 96 S., 8 Farbtafeln, kartoniert.    DM/Fr 6.80 / S 55,–

**Süße Nachspeisen** (0601) Von Petra Lohmann, ca. 96 S., 8 Farbtafeln, kartoniert. Voraussichtl. Erscheinungstermin: März 1982.    ca.* DM/Fr 7.80 / S 65,–

**Wildgerichte** einfach bis raffiniert. (5115) Von Margrit Gutta, 64 S., 43 Farbfotos, Pappband.    DM/Fr 12.8 / S 98,–

**Nudelgerichte** – lecker, locker, leicht zu kochen. (0466) Von Christiane Stephan, 80 S., 8 Farbtafeln, kartoniert.    DM/Fr 6.80 / S 55,–

**Wild und Geflügel** (4056) Von Christine Schönherr, 256 S., 122 großformatige Farbfotos, gebunden.    DM/Fr 48,– / S 384,–

**Weltmeister-Soßen** Die Krönung der feinen Küche. (0357) Von Giovanni Cavestri, 100 S., 14 Farbtafeln, kartoniert.    DM/Fr 9.80 / S 78,–

**Geflügel** Die besten Rezepte aus aller Welt. (5050) Von Margrit Gutta, 64 S., 32 Farbfotos, Pappband.    DM/Fr 12. / S 98,–

**Grillen** – drinnen und draußen. (4047) Von Claus Arius, 152 S., 30 Farbtafeln, kartoniert.    DM/Fr 12. / S 98,–

**Grillen** Fleisch · Fisch · Beilagen · Soßen. (5001) Von Elke Fuhrmann, 64 S., 38 Farbfotos, Pappband.    DM/Fr 11. / S 94,–

**Die neue Grillküche** Garen und backen im Quarz-Grill. (0419) Von Marianne Bormio, 80 S., 8 Farbtafeln, kartoniert.    DM/Fr 7.8 / S 65,–

**Raffinierte Steaks** und andere Fleischgerichte. (5043) Von Gerhard Eckert, 64 S., 37 Farbfotos, Papp-band.    DM/Fr 12. / S 98,–

**Falken-Kombi-Kochbuch** Die Kochidee mit neuem Dreh **Fleischgerichte** (4099) Von Alfred Berliner, 48 S., 69 Farbfotos, Spiralbindung, Pappband.
DM/Fr **19.80**
S 158,–

**Fischküche** kalt und warm · mild und herzhaft. (5052) Von Heidrun Gebhardt, 64 S., 36 Farbfotos, Pappband.
DM/Fr **12.80**
S 98,–

**Chinesisch kochen** Rezepte für die häusliche Küche. (5011) Von Karl-Heinz Haß, 64 S., 36 Farbfotos, Pappband.
DM/Fr **11.80**
S 94,–

**Chinesisch kochen** mit dem WOK-Topf und dem Mongolen-Topf. (0557) Von Christiane Korn, 64 S., 8 Farbtafeln, kartoniert.
DM/Fr **7.80**
S 65,–

**Dänische Küche** Nordische Tafelfreuden. (5086) Von Holger Hofmann, 64 S., 39 Farbfotos, Pappband.
DM/Fr **11.80**
S 94,–

**Deutsche Spezialitäten** (5025) Von R. Piwitt, 64 S., 37 Farbfotos, Pappband.
DM/Fr **11.80**
S 94,–

**Exotisches Obst und Gemüse** Rezepte für Vorspeisen, Hauptgerichte und Desserts. (5114) Von Christiane Stephan, 64 S., 58 Farbfotos, Pappband.
DM/Fr **12.80**
S 98,–

**Französisch kochen** (5016) Von Margrit Gutta, 64 S., 35 Farbfotos, Pappband.
DM/Fr **11.80**
S 94,–

**Italienische Küche** (5026) Von Margrit Gutta 64 S., 35 Farbfotos, Pappband.
DM/Fr **12.80**
S 98,–

**Japanische Küche** schmackhaft und bekömmlich. (5087) Von Hiroko Toi, 64 S., 36 Farbfotos, Pappband.
DM/Fr **12.80**
S 98,–

**Nordische Küche** Speisen und Getränke von der Küste. (5082) Von Jutta Kürtz, 64 S., 44 Farbfotos, Pappband.
DM/Fr **11.80**
S 94,–

**Ostasiatische Küche** schmackhaft und bekömmlich. (5066) Von Taki Sozuki, 64 S., 39 Farbfotos, Pappband.
DM/Fr **11.80**
S 94,–

**Portugiesische Küche und Weine** Kulinarische Reise durch Portugal. (0607) Von Enrique Kasten, ca. 96 S., 16 Farbtafeln, kartoniert. Voraussichtl. Erscheinungstermin: Februar 1982.
ca.*
DM/Fr **9.80**
S 78,–

**Köstliche Pizzas, Toasts, Pasteten** (5081) Von Anneliese und Gerhard Eckert, 64 S., 48 Farbfotos, Pappband.
DM/Fr **11.80**
S 94,–

**Raffinierte Rezepte mit Oliven** (5119) Von Lutz Helger, 64 S., 53 Farbfotos, 4 Zeichnungen, Pappband.
DM/Fr **14.80**
S 118,–

**Fondues** und fritierte Leckerbissen. (0471) Von Stefanie Stein, 80 S., 8 Farbtafeln, kartoniert.
DM/Fr **6.80**
S 55,–

**Fondues** (5006) Von Eva Exner, 64 S., 50 Farbfotos, Pappband.
DM/Fr **11.80**
S 94,–

**Der schön gedeckte Tisch** (5005) Von Rolf Stender, 64 S., 60 Farbfotos, Pappband.
DM/Fr **11.80**
S 94,–

**Fondues · Raclettes · Flambiertes** (4081) Von Renate Peiler und Marie-Louise Schult, 136 S., 15 Farbtafeln, 28 Zeichnungen, kartoniert.
DM/Fr **12.80**
S 98,–

**Rezepte rund um Raclette und Hobby-Rechaud** (0420) Von Jack W. Hochscheid, 72 S., 8 Farbtafeln, kartoniert.
DM/Fr **7.80**
S 65,–

**Neue, raffinierte Rezepte mit dem Raclettegrill** (0558) Von Lutz Helger, 56 S., 8 Farbtafeln, kartoniert.
DM/Fr **7.80**
S 65,–

**Kalte Platten** (4064) Von Maître Pierre Pfister, 240 S., 135 großformatige Farbfotos, gebunden.
DM/Fr **48,–**
S 384,–

**Kalte Platten – Kalte Büfetts** (5015) Von Margrit Gutta, 64 S., 34 Farbfotos, Pappband.
DM/Fr **11.80**
S 94,–

**Kleine Kalte Küche** für Alltag und Feste. (5097) Von Anneliese und Gerhard Eckert, 64 S., 45 Farbfotos, Pappband.
DM/Fr **11.80**
S 94,–

**Kalte Happen** und Partysnacks. (5029) Von Dolly Peters, 64 S., 35 Farbfotos, Pappband.
DM/Fr **11.80**
S 94,–

**Salate** (4119) Von Christine Schönherr, 240 S., 115 Farbfotos, gebunden, mit vierfarbigem Schutzumschlag. Voraussichtl. Erscheinungstermin: März 1982.
ca.*
DM/Fr **48,–**
S 384,–

**Salate** für alle Gelegenheiten. (5002) Von Elke Fuhrmann, 64 S., 47 Farbfotos, Pappband.
DM/Fr **11.80**
S 94,–

**88 köstliche Salate** Erprobte Rezepte mit Pfiff. (0222) Von Christine Schönherr, 104 S., 8 Farbtafeln, kartoniert.
DM/Fr **8.80**
S 70,–

**Kuchen und Torten** (5067) Von Klaus Groth, 64 S., 42 Farbfotos, Pappband.
DM/Fr **11.80**
S 94,–

**Schönes Hobby: Backen** Erprobte Rezepte mit modernen Backformen. (0451) Von Elke Blome, 96 S., 8 Farbtafeln, kartoniert.
DM/Fr **6.80**
S 55,–

**Kleingebäck** Plätzchen · Kekse · Guetzli. (5089) Von Margrit Gutta, 64 S., 50 Farbfotos, Pappband.
DM/Fr **11.80**
S 94,–

**Waffeln** süß und pikant. (0522) Von Christiane Stephan, 64 S., 4 Farbtafeln, kartoniert.
DM/Fr **6.80**
S 55,–

## Gesundheit und Schönheit

**Die Frau als Hausärztin** (4072) Von Dr. med. Anna Fischer-Dückelmann, 808 S., 16 Farbtafeln, 174 s/w-Fotos, 238 Zeichnungen, gebunden. — DM/Fr 58,– / S 460,–

**Backen** (4113) Von Margrit Gutta, 240 S., 123 Farbfotos, gebunden. — DM/Fr 48,– / S 384,–

**Brotspezialitäten** backen und kochen. (5088) Von Jack W. Hochscheid und Lutz Helger, 64 S., 50 Farbfotos, Pappband. — DM/Fr 11.80 / S 94,–

**Selbst Brotbacken** Über 50 erprobte Rezepte. (0370) Von Jens Schiermann, 80 S., 6 Zeichnungen, 4 Farbtafeln, kartoniert. — DM/Fr 6.80 / S 55,–

**Mixen mit und ohne Alkohol** (5017) Von Holger Hofmann, 64 S., 35 Farbfotos, Pappband. — DM/Fr 11.80 / S 94,–

**Cocktails und Mixereien** (0075) Von Jonny Walker, 104 S., 25 Zeichnungen, kartoniert. — DM/Fr 6.80 / S 55,–

**Neue Cocktails und Drinks** mit und ohne Alkohol. (0517) Von Siegfried Späth, 128 S., 4 Farbtafeln, Pappband. — DM/Fr 9.80 / S 78,–

**Rund um den Rum** Von der Feuerzangenbowle zum Karibiksteak. (5053) Von Holger Hofmann, 64 S., 32 Farbfotos, Pappband. — DM/Fr 12.80 / S 98,–

**Die besten Punsche, Grogs und Bowlen** (0575) Von Friedel Dingden, 64 S., 2 Farbtafeln, kartoniert. — DM/Fr 6.80 / S 55,–

**Kaffee für Genießer** (0492) Von Christiane Barthel, 88 S., 8 Farbtafeln, kartoniert. — DM/Fr 6.80 / S 55,–

**Heißgeliebter Tee** Sorten, Rezepte und Geschichten. (4114) Von Curt Maronde, 153 S., 16 Farbtafeln, 93 Zeichnungen, gebunden. — DM/Fr 24.80 / S 198,–

**Tee für Genießer** Sorten · Riten · Rezepte. (0356) Von Marianne Nicolin, 64 S., 4 Farbtafeln, kartoniert. — DM/Fr 5.80 / S 49,–

**Tee** Herkunft · Mischungen · Rezepte. (0515) Von Sonja Ruske, 96 S., 4 Farbtafeln, viele Abbildungen, Pappband. — DM/Fr 9.80 / S 78,–

**Heiltees und Kräuter für die Gesundheit** (4123) Von Gerhard Leibold, ca. 136 S., 15 Farbtafeln, kartoniert. Voraussichtl. Erscheinungstermin: März 1982. — ca.* DM/Fr 12.80 / S 98,–

**Der praktische Hausarzt** (4100) Von Dr. med. R. Jäkel, 608 S., 201 s/w-Fotos, 118 Zeichnungen, Pappband. — DM/Fr 24.80 / S 198,–

**Das große Hausbuch der Naturheilkunde** (4052) Von Gerhard Leibold, 386 S., 18 Farbfotos, 8 s/w-Fotos, 196 Zeichnungen, gebunden. — DM/Fr 34,– / S 272,–

**Autogenes Training** Anwendung · Heilwirkungen · Methoden. (0541) Von Rolf Faller, 128 S., 3 Zeichnungen, kartoniert. — DM/Fr 9.80 / S 78,–

**Eigenbehandlung durch Akupressur** Heilwirkungen – Energielehre – Meridiane. (0417) Von Gerhard Leibold, 152 S., 78 Abbildungen, kartoniert. — DM/Fr 9.80 / S 78,–

**Hypnose und Autosuggestion** Methoden – Heilwirkungen – praktische Beispiele. (0483) Von Gerhard Leibold, 116 S., kartoniert. — DM/Fr 7.80 / S 65,–

**Tanz und Spiele für Bewegungsbehinderte** Ein Anfängerkurs für alle, die mitmachen wollen. Empfohlen vom Bundesverband für Tanztherapie e.V. (0581) Von Wally Kaechele, 96 S., 105 s/w-Fotos, 9 Zeichnungen, kartoniert, Spiralbindung. — DM/Fr 19.80 / S 158,–

**Die Brot-Diät** ein Schlankheitsplan ohne Extreme. (0452) Von Prof. Dr. Erich Menden und Waltraute Aign, 92 S., 8 Farbtafeln, kartoniert. — DM/Fr 6.80 / S 55,–

**Neue Rezepte für Diabetiker-Diät** Vollwertig-abwechslungsreich-kalorienarm (0418) Von Monika Oehlrich, 120 S., 8 Farbtafeln, kartoniert. — DM/Fr 9.80 / S 78,–

**Wer schlank ist, lebt gesünder** Tips und Rezepte zum Schlankwerden und -bleiben. (0562) Von Renate Mainer, 80 S., 8 Farbtafeln, kartoniert. — DM/Fr 7.80 / S 65,–

**Die 4444-Joule-Diät** Schlankessen mit Genuß. (0530) Von Hans J. Fahrenkamp, 160 S., 8 Farbtafeln, kartoniert. — DM/Fr 9.80 / S 78,–

**Rohkost** abwechslungsreich · schmackhaft · gesund. (5044) Von Ingrid Gabriel, 64 S., 40 Farbfotos, Pappband. — DM/Fr 12.80 / S 98,–

**Alles mit Joghurt** tagfrisch selbstgemacht mit vielen Rezepten. (0382) Von Gerda Volz, 88 S., 8 Farbtafeln, kartoniert. — DM/Fr 7.80 / S 65,–

**Falken-Handbuch Heilkräuter** Modernes Lexikon der Pflanzen und Anwendungen. (4076) Von Gerhard Leibold, 392 S., 183 Farbfotos, gebunden. — DM/Fr 36,– / S 288,–

**Kalorien – Joule** Eiweiß · Fett · Kohlenhydrate tabellarisch nach gebräuchlichen Mengen. (0374) Von Marianne Bormio, 88 S., kartoniert. — DM/Fr 4.80 / S 39,–

**Schönheitspflege** Kosmetische Tips für jeden Tag. (0493) Von Heide Zander, 180 S., 25 Abbildungen, kartoniert. — DM/Fr 7.80 / S 65,–

10 Minuten täglich Tele-Gymnastik (5102) Von Beate Manz und Kafi Biermann, 128 S., 381 Abbildungen, kartoniert. — DM/Fr 12.80 S 98,–

Gesund und fit durch Gymnastik (0366) Von Hannelore Pilss-Samek, 132 S., 150 Abbildungen, kartoniert. — DM/Fr 7.80 S 65,–

Yoga für jeden (0341) Von Kareen Zebroff, 156 S., 135 Abbildungen, kartoniert. — DM/Fr 20.– S 160,–

Gesundheit und Spannkraft durch Yoga (0321) Von Lothar Frank und Ursula Ebbers, 112 S., 50 s/w-Fotos, kartoniert. — DM/Fr 7.80 S 65,–

Yoga gegen Haltungsschäden und Rückenschmerzen (0394) Von Alois Raab, 104 S., 215 Abbildungen, kartoniert. — DM/Fr 6.80 S 55,–

# Briefsteller

Moderne Korrespondenz (4014) Von Hans Kirst und Wolfgang Manekeller, 568 S., gebunden. — DM/Fr 39,– S 312,–

Der neue Briefsteller (0060) Von I. Wolter-Rosendorf, 112 S., kartoniert. — DM/Fr 5.80 S 49,–

Geschäftliche Briefe des Privatmanns, Handwerkers und Kaufmanns. (0041) Von Alfred Römer, 96 S., kartoniert. — DM/Fr 5.80 S 49,–

Behördenkorrespondenz Musterbriefe – Anträge – Einsprüche. (0412) Von Elisabeth Ruge, 120 S., kartoniert. — DM/Fr 6.80 S 55,–

Musterbriefe für alle Gelegenheiten. (0231) Herausgegeben von Olaf Fuhrmann, 240 S., kartoniert. — DM/Fr 9.80 S 78,–

Privatbriefe Muster für alle Gelegenheiten. (0114) Von Irmgard Wolter-Rosendorf, 132 S., kartoniert. — DM/Fr 6.80 S 55,–

Worte und Briefe der Anteilnahme (0464) Von Elisabeth Ruge, 128 S., mit vielen Abbildungen, kartoniert. — DM/Fr 6.80 S 55,–

Großes Buch der Reden und Ansprachen für jeden Anlaß. (4009) Herausgegeben von F. Sicker, 454 S., Lexikonformat, gebunden. — DM/Fr 39,– S 312,–

Die Redekunst · Rhetorik · Rednererfolg (0076) Von Kurt Wolter, überarbeitet von Dr. W. Tappe, 80 S., kartoniert. — DM/Fr 4.80 S 39,–

Festreden und Vereinsreden Ansprachen für festliche Gelegenheiten. (0069) Von K. Lehnhoff und E. Ruge, 88 S., kartoniert. — DM/Fr 4.80 S 39,–

In Anerkennung Ihrer..., Lob und Würdigung in Briefen und Reden (0535) Von Hans Friedrich, 136 S., kartoniert. — DM/Fr 7.80 S 65,–

Erfolgreiche Kaufmannspaxis Wirtschaftliche Grundlagen, Geld, Kreditwesen, Steuern, Betriebsführung, Recht, EDV. (4046) Von Wolfgang Göhler, Herbert Gölz, Manfred Heibel, Dr. Detlev Machenheimer, mit einem Vorwort von Dr. Karl Obermayr, 544 S., gebunden. — DM/Fr 34,– S 272,–

Erfolgreiche Bewerbungsbriefe und Bewerbungsformen. (0138) Von W. Manekeller, 88 S., kartoniert. — DM/Fr 4.80 S 39,–

Die erfolgreiche Bewerbung Bewerbung und Vorstellung. (0173) Von Wolfgang Manekeller, 156 S., kartoniert. — DM/Fr 8.80 S 70,–

Lebenslauf und Bewerbung Beispiele für Inhalt, Form und Aufbau. (0428) Von Hans Friedrich, 112 S., kartoniert. — DM/Fr 5.80 S 49,–

Zeugnisse im Beruf richtig schreiben richtig verstehen. (0544) Von Hans Friedrich, 112 S., kartoniert. — DM/Fr 9.80 S 78,–

# Fortbildung und Beruf

Schülerlexikon der Mathematik Formeln, Übungen und Begriffserklärungen für die Klassen 5-10. (0430) Von Robert Müller, 176 S., 96 Zeichnungen, kartoniert. — DM/Fr 9.80 S 78,–

Mathematische Formeln für Schule und Beruf Mit Beispielen und Erklärungen. (0499) Von Robert Müller, 156 S., 210 Zeichnungen, kartoniert. — DM/Fr 9.80 S 78,–

Rechnen aufgefrischt für Schule und Beruf. (0100) Von Helmut Rausch, 144 S., kartoniert. — DM/Fr 6.80 S 55,–

Buchführung leicht gefaßt. Ein Leitfaden für Handwerker und Gewerbetreibende. (0127) Von H.R. Pohl, 104 S., kartoniert. — DM/Fr 7.80 S 65,–

So lernt man leicht und schnell Maschinenschreiben (0568) Lehrbuch für Selbstunterricht und Kurse. Von Jean W. Wagner, 80 S., 31 s/w-Fotos, 36 Zeichnungen, kartoniert, Spiralbindung. — DM/Fr 19.80 S 158,–

Maschinenschreiben durch Selbstunterricht Teil 1. (0170) Von A. Fonfara, 84 S., mit vielen Abbildungen, kartoniert. — DM/Fr 5.80 S 49,–

Maschinenschreiben durch Selbstunterricht Teil 2. (0252) Von Hanns Kaus, 84 S., kartoniert. — DM/Fr 5.80 S 49,–

Stenografie – leicht gemacht im Kursus oder Selbstunterricht. (0266) Von Hanns Kaus, 64 S., kartoniert. — DM/Fr 5.80 S 49,–

Mehr Erfolg in der Schule und Beruf Besseres Deutsch mit Übungen und Beispielen für: Rechtschreibung, Diktate, Zeichensetzung, Aufsätze, Grammatik, Literaturbetrachtung, Stil, Briefe, Fremdwörter, Reden. (4115) Von Kurt Schreiner, 444 S., 7 s/w-Fotos, 27 Zeichnungen, Pappband. — DM/Fr 29.80 S 238,–

Richtiges Deutsch Rechtschreibung · Zeichensetzung · Grammatik · Stilkunde. (0551) Von Kurt Schreiner, 128 S., kartoniert. — DM/Fr 9.80 S 78,–

Aufsätze besser schreiben Förderkurs für die Klassen 4-10. (0429) Von Kurt Schreiner, 144 S., 4 s/w-Fotos, 27 Zeichnungen, kartoniert. — DM/Fr 9.80 S 78,–

Diktate besser schreiben Übungen zur Rechtschreibung für die Klassen 4-8. (0469) Von Kurt Schreiner, 149 S., kartoniert. — DM/Fr 9.80 S 78,–

# Glückwünsche

Großes Buch der Glückwünsche (0255) Herausgegeben von Olaf Fuhrmann, 240 S., 64 Zeichnungen und viele Gestaltungsvorschläge, kartoniert. — DM/Fr 9.80 S 78,–

Neue Glückwunschfibel für Groß und Klein. (0156) Von Reneé Christian-Hildebrandt, 96 S., kartoniert. — DM/Fr 4.80 S 39,–

Glückwunschverse für Kinder (0277) Von Bettina Ulrici, 80 S., kartoniert. — DM/Fr 4.80 S 39,–

Verse fürs Poesiealbum (0241) Von Irmgard Wolter, 96 S., 20 Abbildungen, kartoniert. — DM/Fr 4.80 S 39,–

Rosen, Tulpen, Nelken... Beliebte Verse fürs Poesiealbum (0431) Von Waltraud Pröve, 96 S., mit Faksimile-Abbildungen, kartoniert. — DM/Fr 5.80 S 49,–

Von der Verlobung zur Goldenen Hochzeit Vorbereitung · Festgestaltung · Glückwünsche. (0393) Von Elisabeth Ruge, 120 S., kartoniert. — DM/Fr 6.80 S 55,–

Hochzeitszeitungen Muster, Tips und Anregungen. (0288) Von Hans-Jürgen-Winkler, mit vielen Text- und Gestaltungsanregungen, 116 S., 15 Abbildungen, 1 Musterzeitung, kartoniert. — DM/Fr 6.80 S 55,–

**Die Silberhochzeit** Vorbereitung · Einladung · Geschenkvorschläge · Festablauf · Menüs · Reden · Glückwünsche. (0542) Von Karin F. Merkle, 120 S., 41 Zeichnungen, kartoniert. — DM/Fr **9.80** S 78,–

**Poesiealbumverse** Heiteres und Besinnliches. (0578) Von Anne Göttling, 112 S., 20 Abbildungen, Pappband. — DM/Fr **14.80** S 118,–

**Kindergedichte zur Grünen, Silbernen und Goldenen Hochzeit** (0318) Von Hans-Jürgen Winkler, 104 S., 20 Abbildungen, kartoniert. — DM/Fr **5.80** S 49,–

**Ins Gästebuch geschrieben** (0576) Von Kurt H. Trabeck, 96 S., 24 Zeichnungen, kartoniert. — DM/Fr **7.80** S 65,–

**Trinksprüche, Richtsprüche, Gästebuchverse** (0224) Von Dieter Kellermann, 80 S., kartoniert. — DM/Fr **4.80** S 39,–

# Deutsch für Ausländer

**Deutsch für Ausländer im Selbstunterricht Ausgabe für Spanier** (0253) Von Juan Manuel Puente und Ernst Richter, 136 S., 62 Zeichnungen, kartoniert. — DM/Fr **9.80** S 78,–

**Ausgabe für Italiener** (0254) Von Italo Nadalin und Ernst Richter, 156 S., 62 Zeichnungen, kartoniert. — DM/Fr **9.80** S 78,–

**Ausgabe für Jugoslawen** (0261) Von I. Hladek und Ernst Richter, 132 S., 62 Zeichnungen, kartoniert. — DM/Fr **9.80** S 78,–

**Ausgabe für Türken** (0262) Von B.I. Rasch und Ernst Richter, 136 S., 62 Zeichnungen, kartoniert. — DM/Fr **9.80** S 78,–

**Deutsch – Ihre neue Sprache. Grundbuch** (0327) Von H.J. Demetz und J.M. Puente, 204 S., mit über 200 Abbildungen, kartoniert. — DM/Fr **14.80** S 118,–

**Glossar Italienisch** (0329) Von H.J. Demetz und J.M. Puente, 74 S., kartoniert. — DM/Fr **9.80** S 78,–

**In gleicher Ausstattung:**
**Glossar Spanisch** (0330) — DM/Fr **9.80** S 78,–

**Glossar Serbokroatisch** (0331) — DM/Fr **9.80** S 78,–

**Glossar Türkisch** (0332) — DM/Fr **9.80** S 78,–

**Glossar Arabisch** (0335) — DM/Fr **9.80** S 78,–

**Glossar Englisch** (0336) — DM/Fr **9.80** S 78,–

**Glossar Französisch** (0337) — DM/Fr **9.80** S 78,–

**Deutsch – Ihre neue Sprache** (0339) 2 Kompakt-Kassetten. — DM/Fr **36,–** S 288,–

**Das Deutschbuch**
**Ein Sprachprogramm für Ausländer, Erwachsene und Jugendliche.** Autorenteam: Juan Manuel Puente, Hans-Jürgen Demetz, Sener Sargut, Marianne Spohner.

**Grundbuch Jugendliche** (4915) Von Puente, Demetz, Sargut, Spohner, Hirschberger, Kersten, von Stolzenwaldt, 256 S., durchgehend zweifarbig, kartoniert. — DM/Fr **19.80** S 158,–

**Grundbuch Erwachsene** (4901) Von Puente, Demetz, Sargut, Spohner, 292 S., durchgehend zweifarbig, kartoniert. — DM/Fr **24.80** S 198,–

**Arbeitsheft** zum Grundbuch Erwachsene und Jugendliche. (4903) Von Puente, Demetz, Sargut, Spohner, 160 S., durchgehend zweifarbig, kartoniert. — DM/Fr **16.80** S 134,–

**Aufbaukurs** (4902) Von Puente, Sargut, Spohner, 230 S., durchgehend zweifarbig, kartoniert. — DM/Fr **22.80** S 182,–

**Lehrerhandbuch Grundbuch Erwachsene** (4904) 144 S., kartoniert. — DM/Fr **14.80** S 118,–

**Lehrerhandbuch Grundbuch Jugendliche** (4929) 120 S., kartoniert. — DM/Fr **14.80** S 118,–

**Lehrerhandbuch Aufbaukurs** (4930) 64 S., kartoniert. — DM/Fr **9.80** S 78,–

**Glossare Erwachsene.**
**Türkisch** (4906) 100 S., kartoniert. — DM/Fr **9.80** S 78,–

**Englisch** (4912) 100 S., kartoniert. — DM/Fr **9.80** S 78,–

**Französisch** (4911) 104 S., kartoniert. — DM/Fr **9.80** S 78,–

**Spanisch** (4909) 98 S., kartoniert. — DM/Fr **9.80** S 78,–

**Italienisch** (4908) 100 S., kartoniert. — DM/Fr **9.80** S 78,–

**Serbokroatisch** (4914) 100 S., kartoniert. — DM/Fr **9.80** S 78,–

**Griechisch** (4907) 102 S., kartoniert. — DM/Fr **9.80** S 78,–

**Portugiesisch** (4910) 100 S., kartoniert. — DM/Fr **9.80** S 78,–

**Polnisch** (4913) 102 S., kartoniert. — DM/Fr **9.80** S 78,–

**Arabisch** (4905) 100 S., kartoniert. — DM/Fr **9.80** S 78,–

**Glossare Jugendliche**
**Türkisch** (4927) 105 S., kartoniert. — DM/Fr **9.80** S 78,–

**In Vorbereitung Glossare Jugendliche: Italienisch, Spanisch, Serbokroatisch, Griechisch.**

**Tonband Grundbuch Erwachsene** (4916) Ø 18 cm. — DM/Fr **125** S 1000,–

**Tonband Grundbuch Jugendliche** (4917) Ø 18 cm. — DM/Fr **125** S 1000,–

**Tonband Aufbaukurs** (4918) Ø 18 cm. — DM/Fr **125** S 1000,–

**Tonband Arbeitsheft** (4919) Ø 18 cm. — DM/Fr **89,–** S 712,–

**Kassetten Grundbuch Erwachsene** (4920) 2 St. à 90 min. Laufzeit. — DM/Fr **39,–** S 312,–

**Kassetten Grundbuch Jugendliche** (4921) 2 St. à 90 min. Laufzeit. — DM/Fr **39,–** S 312,–

**Kassetten Aufbaukurs** (4922) 2 St. à 90 min. Laufzeit. — DM/Fr **39,–** S 312,–

**Kassette Arbeitsheft** (4923) 60 min. Laufzeit. — DM/Fr **19** S 158,–

| | |
|---|---|
| **Overheadfolien Grundbuch Erwachsene** (4924) 60 St. | **DM/Fr 159,–** S 1270,– |
| **Overheadfolien Grundbuch Jugendliche** (4925) 59 St. | **DM/Fr 159,–** S 1270,– |
| **Overheadfolien Aufbaukurs** (4931) 54 St. | **DM/Fr 159,–** S 1270,– |
| **Diapositive Grundbuch Erwachsene** (4926) 300 St. | **DM/Fr 398,–** S 3184,– |
| **Bildkarten** zum Grundbuch Jugendliche und Erwachsene, (4928) 200 St. | **DM/Fr 159,–** S 1270,– |

## Denksport

**Denksport und Schnickschnack** für Tüftler und fixe Köpfe. (0362) Von Jürgen Barto, 100 S., 45 Abbildungen, kartoniert. — **DM/Fr 6.80** S 55,–

**Quiz** Mehr als 1500 ernste und heitere Fragen aus allen Gebieten. (0129) Von R. Sautter und W. Pröve, 92 S., 9 Zeichnungen, kartoniert. — **DM/Fr 5.80** S 49,–

**Der große Rätselknacker** Über 100.000 Rätselfragen. (4022) Zusammengestellt von H.J. Winkler, 544 S., kartoniert. — **DM/Fr 19.80** S 158,–

**Großes Rätsel-ABC** (0246) Von H. Schiefelbein, 416 S., Pappband. — **DM/Fr 16.80** S 134,–

**Rätsel lösen – ein Vergnügen** Ein Lexikon für Rätselfreunde. (0182) Von Erich Maier, 240 S., kartoniert. — **DM/Fr 9.80** S 78,–

**Der Würfel** Lösungswege (0565) Von Josef Trajber, 144 S., 887 Diagramme, kartoniert. — **DM/Fr 6.80** S 55,–

Als Pappband. — **DM/Fr 12.80** S 98,–

**Der Würfel für Fortgeschrittene** Neue Züge · Neue Muster · 3-D-Logik. Mit Lösungswegen für Walzenwürfel und Teufelstonne. (0590) Von Josef Trajber, 144 S., 879 Diagramme, kartoniert. — **DM/Fr 6.80** S 55,–

**Zauberturm, Teufelstonne und magische Pyramide** (0606) Von Michael Mrowka, Wolfgang Weber, 128 S., 525 Zeichnungen, kartoniert. — **DM/Fr 6.80** S 55,–

**Die Zauberschlange** (0609) Von Michael Balfour, 96 S., 170 Zeichnungen, kartoniert. — **DM/Fr 6.80** S 55,–

**Rätselspiele, Quiz- und Scherzfragen** für gesellige Stunden. (0577) Von K.H. Schneider, 168 S., über 300 Zeichnungen, Pappband. — **DM/Fr 16.80** S 134,–

**Rate mal** Scherzfragen, Ratespiele und - geschichten. (2023) Von Felicitas Buttig, 112 S., 19 Zeichnungen, kartoniert. — **DM/Fr 9.80** S 78,–

**Knobeleien und Denksport** (2019) Von Klas Rechberger, 142 S., mit vielen Zeichnungen, kartoniert. — **DM/Fr 7.80** S 65,–

## Geselligkeit

**Die schönsten Wander- und Fahrtenlieder** (0462) Herausgegeben von Franz R. Miller, empfohlen vom Deutschen Sängerbund, 80 S., mit Noten und Zeichnungen, kartoniert. — **DM/Fr 5.80** S 49,–

**Die schönsten Volkslieder** (0432) Herausgegeben von Dietmar Walther, 128 S., mit Noten und Zeichnungen, kartoniert. — **DM/Fr 4.80** S 39,–

**Die schönsten Berg- und Hüttenlieder** (0514) Herausgegeben von Franz R. Miller, empfohlen vom Deutschen Sängerbund, 104 S., mit Noten und Zeichnungen, kartoniert. — **DM/Fr 5.80** S 49,–

**Wir lernen tanzen** Standard- und lateinamerikanische Tänze. (0200) Von Ernst Fern, 168 S., 118 s/w-Fotos, 47 Zeichnungen, kartoniert. — **DM/Fr 9.80** S 78,–

**Tanzstunde 1** Die 11 Tänze des Welttanzprogrammes. (5018) Von Gerd Hädrich, 120 S., 372 s/w-Fotos und Schrittskizzen, Pappband. — **DM/Fr 15,–** S 120,–

**Disco-Tänze** (0491) Von Barbara und Felicitas Weber, 104 S., 104 Abbildungen, kartoniert. — **DM/Fr 6.80** S 55,–

**So tanzt man Rock'n'Roll** Grundschritte · Figuren · Akrobatik. (0573) Von Wolfgang Steuer und Gerhard Marz, 224 S., 303 Abbildungen, kartoniert. — **DM/Fr 16.80** S 134,–

**Wir geben eine Party** (0192) Von Elisabeth Ruge, 88 S., 8 Farbtafeln, 23 Zeichnungen, kartoniert. — **DM/Fr 6.80** S 55,–

**Neue Spiele für Ihre Party** (2022) Von Gerda Blechner, 120 S., 54 Zeichnungen von Fee Buttig, kartoniert. — **DM/Fr 7.80** S 65,–

**Partytänze · Partyspiele** (5049) Von Wally Kaechele, 94 S., 104 Farbfotos, herausgegeben von der „tanz-illustrierten", Pappband. — **DM/Fr 12.80** S 98,–

**Lustige Tanzspiele und Scherztänze** für Parties und Feste. (0165) Von E. Bäulke, 80 S., 53 Abbildungen, kartoniert. — **DM/Fr 4.80** S 39,–

**Der Gute Ton** Ein moderner Knigge. (0063) Von Irmgard Wolter, 168 S., 38 Zeichnungen, kartoniert. — **DM/Fr 7.80** S 65,–

**Tischkarten und Tischdekorationen** (5063) Von Gabriele Vocke, 64 S., 79 Farbfotos, Pappband. — **DM/Fr 12.80** S 98,–

**Reden zum Jubiläum** Musteransprachen für viele Gelegenheiten. (0595) Von Günter Georg, ca. 96 S., kartoniert. Voraussichtl. Erscheinungstermin: März 1982. — ca.* **DM/Fr 6.80** S 55,–

## Humor

**Vergnügliches Vortragsbuch** (0091) Von Joseph Plaut, 192 S., kartoniert. — **DM/Fr 7.80** S 65,–

**Lachen, Witz und gute Laune** Lustige Texte für Ansagen und Vorträge. (0149) Von Erich Müller, 104 S., 44 Abbildungen, kartoniert. — **DM/Fr 6.80** S 55,–

**Vergnügliche Sketche** (0476) Von Horst Pillau, 96 S., mit lustigen Zeichnungen, kartoniert. — **DM/Fr 6.80** S 55,–

**Heitere Vorträge** (0528) Von Erich Müller, 182 S., 14 Zeichnungen, kartoniert. — **DM/Fr 9.80** S 78,–

**Die große Lachparade** Neue Texte für heitere Vorträge und Ansagen. (0188) Von Erich Müller, 108 S., kartoniert. — **DM/Fr 6.80** S 55,–

**So feiert man Feste fröhlicher** Heitere Vorträge und Gedichte. (0098) Von Dr. Allos, 96 S., 15 Abbildungen, kartoniert. — **DM/Fr 5.80** S 49,–

**Fidelitas und Trallala** Vorschläge zur Gestaltung fröhlicher Abende. (0120) Von Dr. Allos, 104 S., viele Abbildungen, kartoniert. — **DM/Fr 7.80** S 65,–

**Lustige Vorträge für fröhliche Feiern** Sketche, Vorträge und Conferencen für Karneval und fröhliche Feste. (0284) Von Karl Lehnhoff, 96 S., kartoniert. — **DM/Fr 6.80** S 55,–

**Humor und Stimmung** Ein heiteres Vortragsbuch. (0460) Von Günter Wagner, 112 S., kartoniert. — **DM/Fr 6.80** S 55,–

**Tolle Sachen zum Schmunzeln und Lachen** Lustige Ansagen und Vorträge. (0163) Von Erich Müller, 92 S., kartoniert. — **DM/Fr 6.80** S 55,–

**Humor für jedes Ohr** Fidele Sketche und Ansagen. (0157) Von Heinz Ehnle, 96 S., kartoniert. — **DM/Fr 6.80** S 55,–

**Sketche und spielbare Witze** für bunte Abende und andere Feste. (0445) Von Hartmut Friedrich, 120 S., 7 Zeichnungen, kartoniert. — **DM/Fr 6.80** S 55,–

**Sketche** Kurzspiele zu amüsanter Unterhaltung. (0247) Von Margarete Gering, 132 S., 16 Abbildungen, kartoniert. — **DM/Fr 6.80** S 55,–

**Non Stop Nonsens** Sketche und Witze mit Spielanleitungen. (0511) Von Dieter Hallervorden, 160 S., gebunden.
DM/Fr **14.80**
S 118,–

**Dalli-Dalli-Sketche** aus dem heiteren Ratespiel von und mit Hans Rosenthal. (0527) Von Horst Pillau, 144 S., 18 Zeichnungen, kartoniert.
DM/Fr **9.80**
S 78,–

**Gereimte Vorträge** für Bühne und Bütt. (0567) Von Günter Wagner, 96 S., kartoniert.
DM/Fr **7.80**
S 65,–

**Narren in der Bütt** Leckerbissen aus dem rheinischen Karneval. (0216) Zusammengestellt von Theo Lücker, 112 S., kartoniert.
DM/Fr **6.80**
S 55,–

**Rings um den Karneval** Karnevalsscherze und Büttenreden. (0130) Von Dr. Allos, 136 S., kartoniert.
DM/Fr **6.80**
S 55,–

**Helau + Alaaf** Närrisches aus der Bütt. (0304) Von Erich Müller, 112 S., kartoniert.
DM/Fr **6.80**
S 55,–

**Helau + Alaaf 2** Neue Büttenreden. (0477) Von Edmund Luft, 104 S., kartoniert.
DM/Fr **7.80**
S 65,–

**Damen in der Bütt** Scherze, Büttenreden, Sketche. (0354) Von Traudi Müller, 136 S., kartoniert.
DM/Fr **6.80**
S 55,–

**Die besten Witze und Cartoons des Jahres 1** (0454) Herausgegeben von Karl Hartmann, 288 S., 125 Zeichnungen, gebunden.
DM/Fr **14.80**
S 118,–

**Die besten Witze und Cartoons des Jahres 2** (0488) Herausgegeben von Karl Hartmann, 288 S., 148 Zeichnungen, gebunden.
DM/Fr **14.80**
S 118,–

**Die besten Witze und Cartoons des Jahres 3** (0524) Herausgegeben von Karl Hartmann, 288 S., 105 Zeichnungen, Pappband.
DM/Fr **14.80**
S 118,–

**Die besten Witze und Cartoons des Jahres 4** (0579) Herausgegeben von Karl Hartmann, 288 S., 140 Zeichnungen, Pappband.
DM/Fr **14.80**
S 118,–

**Das große Buch der Witze** (0384) Von E. Holz, 320 S., 36 Zeichnungen, gebunden.
DM/Fr **16.80**
S 134,–

**Witze am laufenden Band** (0461) Von Fips Asmussen, 118 S., kartoniert.
DM/Fr **5.80**
S 49,–

**Witzig, witzig** (0507) Von Erich Müller, 128 S., 16 Zeichnungen, kartoniert.
DM/Fr **5.80**
S 49,–

**Die besten Ärztewitze** (0399) Zusammengestellt von Britta Zorn, 272 S., mit 42 Karikaturen von Ulrich Fleischhauer, gebunden.
DM/Fr **14.80**
S 118,–

**Die besten Beamtenwitze** (0574) Herausgegeben von Waltraud Pröve, 112 S., 61 Cartoons, kartoniert.
DM/Fr **5.80**
S 49,–

**Horror zum Totlachen Gruselwitze** (0536) Von Franz Lautenschläger, 96 S., 44 Zeichnungen, kartoniert.
DM/Fr **5.80**
S 49,–

**Ich lach mich kaputt! Die besten Kinderwitze** (0545) Von Erwin Hannemann, 128 S., 15 Zeichnungen, kartoniert.
DM/Fr **5.80**
S 49,–

**Lach mit!** Witze für Kinder, gesammelt von Kindern. (0468) Herausgegeben von Waltraud Pröve, 128 S., 17 Zeichnungen, kartoniert.
DM/Fr **5.80**
S 49,–

**Olympische Witze** Sportlerwitze in Wort und Bild. (0505) Von Wolfgang Willnat, 112 S., 126 Zeichnungen, kartoniert.
DM/Fr **5.80**
S 49,–

**Lach mit den Schlümpfen** (0610) Von Peyo, 64 S., ca. 100 Zeichnungen, kartoniert.
DM/Fr **6.80**
S 55,–

**Die besten Ostfriesenwitze** (0495) Herausgegeben von Onno Freese, 112 S., 17 Zeichnungen, kartoniert.
DM/Fr **5.80**
S 49,–

**Die besten Tierwitze** (0496) Herausgegeben von Peter Hartlaub und Silvia Pappe, 112 S., 25 Zeichnungen, kartoniert.
DM/Fr **5.80**
S 49,–

**Herrenwitze** (0589) Von Georg Wilhelm, ca. 112 S., ca. 30 Zeichnungen, kartoniert.
DM/Fr **5.80**
S 49,–

**Fred Metzlers Witze mit Pfiff** (0368) Von Fred Metzler, 120 S., kartoniert.
DM/Fr **5.80**
S 49,–

**O frivol ist mir am Abend** Pikante Witze von Fred Metzler. (0388) Von Fred Metzler, 128 S., mit Karikaturen, kartoniert.
DM/Fr **5.80**
S 49,–

**Robert Lembkes Witzauslese** (0325) Von Robert Lembke, 160 S., mit 10 Zeichnungen von E. Köhler, gebunden.
DM/Fr **14.80**
S 118,–

**Wilhelm-Busch-Album** Jubiläumsausgabe mit 1700 farbigen Bildern. (3028) 408 S., Großformat, gebunden.
DM/Fr **39,–**
S 312,–

# Spielen

**Kartenspiele** (2001) Von Claus D. Grupp, 144 S., kartoniert.
DM/Fr **7.80**
S 65,–

**Neues Buch der siebzehn und vier Kartenspiele** (0095) Von Karl Lichtwitz, 96 S., kartoniert.
DM/Fr **6.80**
S 55,–

**Falken-Handbuch Bridge** Von den Grundregeln zum Turniersport. (4092) Von Wolfgang Voigt und Karl Ritz, 276 S., 792 Zeichnungen, gebunden.
DM/Fr **39,–**
S 312,–

**Spielend Bridge lernen** (2012) Von Josef Weiss, 108 S., kartoniert.
DM/Fr **7.8**
S 65,–

**Spieltechnik im Bridge** (2004) Victor Mollo und Nico Gardener, deutsche Adaption von Dirk Schröder, 216 S., kartoniert.
DM/Fr **16.**
S 134,–

**Besser Bridge spielen** Reiztechnik, Spielverlauf und Gegenspiel. (2026) Von Josef Weiss, 143 S., mit vielen Diagrammen, kartoniert.
DM/Fr **14.**
S 118,–

**Alles über Pokern** Regeln und Tricks. (2024) Von Claus D. Grupp, 120 S., 29 Kartenbilder, kartoniert.
DM/Fr **6.8**
S 55,–

**Romeé und Canasta** in allen Variationen. (2025) Von Claus D. Grupp, 124 S., 24 Zeichnungen, kartoniert.
DM/Fr **7.8**
S 65,–

**Schafkopf, Doppelkopf, Binokel, Cego, Gaigel, Jaß, Tarock und andere „Lokalspiele".** (2015) Von Claus D. Grupp, 152 S., kartoniert.
DM/Fr **9.**
S 78,–

**Gesellschaftsspiele** für drinnen und draußen. (2006) Von Heinz Görz, 128 S., kartoniert. — DM/Fr 6.80 / S 55,–

**Spielen mit Rudi Carell** 113 Spiele für Party und Familie. (2014) Von Rudi Carell, 160 S., 50 Abbildungen, gebunden. — DM/Fr 14.80 / S 118,–

**Spiele für Theke und Stammtisch** (2021) Von Claus D. Grupp, 104 S., 27 Zeichnungen, kartoniert. — DM/Fr 6.80 / S 55,–

**Roulette richtig gespielt** Systemspiele, die Vermögen brachten. (0121) Von M. Jung, 96 S., zahlreiche Tabellen, kartoniert. — DM/Fr 6.80 / S 55,–

**Glücksspiele** mit Kugel, Würfel und Karten. (2013) Von Claus D. Grupp, 116 S., kartoniert. — DM/Fr 9.80 / S 78,–

**Würfelspiele** für jung und alt. (2007) Von Friedrich Puss, 112 S., kartoniert. — DM/Fr 7.80 / S 65,–

**Mini-Spiele** für unterwegs und überall. (2016) Von Irmgard Wolter, 152 S., kartoniert. — DM/Fr 9.80 / S 78,–

**Backgammon** für Anfänger und Könner. (2008) Von G.W. Fink und G. Fuchs, 116 S., 41 Abbildungen, kartoniert. — DM/Fr 9.80 / S 78,–

**Dame** Das Brettspiel in allen Variationen. (2028) Von Claus D. Grupp, 104 S., viele Diagramme, kartoniert. — DM/Fr 9.80 / S 78,–

**Das japanische Brettspiel GO** (2020) Von Winfried Dörholt, 104 S., 182 Diagramme, kartoniert. — DM/Fr 9.80 / S 78,–

**Das Skatspiel** Eine Fibel für Anfänger. (0206) Von Karl Lehnhoff, überarbeitet von P.A. Höfges, 96 S., kartoniert. — DM/Fr 5.80 / S 49,–

**Alles über Skat** (2005) Von Günter Kirschbach, 144 S., kartoniert. — DM/Fr 8.80 / S 70,–

**Patiencen** in Wort und Bild. (2003) Von Irmgard Wolter, 136 S., kartoniert. — DM/Fr 7.80 / S 65,–

**Kartentricks** (2010) Von T.A. Rosee, 80 S., 13 Zeichnungen, kartoniert. — DM/Fr 6.80 / S 55,–

**Neue Kartentricks** (2027) Von Klaus Pankow, 104 S., 20 Abbildungen, kartoniert. — DM/Fr 7.80 / S 65,–

**Mah-Jongg** Das chinesische Glücks-, Kombinations- und Gesellschaftsspiel. (2030) Von Ursula Eschenbach, ca. 80 S., 25 Fotos, kartoniert. — DM/Fr 9.80 / S 78,–

Falken-Handbuch **Zaubern** Über 400 verblüffende Tricks. (4063) Von Friedrich Stutz, 368 S., über 1200 Zeichnungen, gebunden. — DM/Fr 29.80 / S 238,–

**Zaubertricks** Das große Buch der Magie. (0282) Von Jochen Zmeck, 244 S., 113 Abbildungen, gebunden. — DM/Fr 14.80 / S 118,–

**Zaubern** einfach – aber verblüffend. (2018) Von Dieter Bouch, 84 S., mit Zeichnungen, kartoniert. — DM/Fr 5.80 / S 49,–

# Kinderbeschäftigung

**Das farbige Kinderlexikon von A-Z** (4059) Herausgegeben von Felicitas Buttig, 392 S., 386 farbige Abbildungen, Pappband. — DM/Fr 29.80 / S 238,–

**Punkt, Punkt, Komma, Strich** (0564) Zeichenstunden für Kinder. Von Hans Witzig, 144 S., über 250 Zeichnungen, kartoniert. — DM/Fr 6.80 / S 55,–

**Einmal grad und einmal krumm** Zeichenstunden für Kinder. (0599) Von Hans Witzig, 144 S., ca. 500 Zeichnungen, kartoniert. Voraussichtl. Erscheinungstermin: März 1982. — ca.* DM/Fr 6.80 / S 55,–

**Scherzfragen, Drudel und Blödeleien** gesammelt von Kindern. (0506) Herausgegeben von Waltraud Pröve, 112 S., 57 Zeichnungen, kartoniert. — DM/Fr 5.80 / S 49,–

**Kartenspiele für Kinder** (0533) Von Claus D. Grupp, 136 S., 24 Abbildungen, kartoniert. — DM/Fr 6.80 / S 55,–

**Kinder lernen spielend backen** (5110) Von Margrit Gutta, 64 S., 50 Farbfotos, Pappband. — DM/Fr 11.80 / S 94,–

**Kinder lernen spielend kochen** (5096) Von Margrit Gutta, 64 S., 45 Farbfotos, Pappband. — DM/Fr 11.80 / S 94,–

**Lirum, Larum, Löffelstiel** Ein Kinder-Kochkurs. (5007) Von Ingeborg Becker, 64 S., mit vielen farbigen Abbildungen, Spiralbindung. — DM/Fr 9.80 / S 78,–

**Kinderspiele** die Spaß machen. (2009) Von Helen Müller-Stein, 112 S., 28 Abbildungen, kartoniert. — DM/Fr 6.80 / S 55,–

**Spiele für Kleinkinder** (2011) Von Dieter Kellermann, 80 S., kartoniert. — DM/Fr 5.80 / S 49,–

**Kinderfeste** daheim und in Gruppen. (4033) Von Gerda Blecher, 240 S., 320 Abbildungen, gebunden. — DM/Fr 24.80 / S 198,–

**Kindergeburtstag** Vorbereitung, Spiel und Spaß. (0287) Von Dr. Ilse Obrig, 104 S., 40 Abbildungen, 11 Zeichnungen, 9 Lieder mit Noten, kartoniert. — DM/Fr 5.80 / S 49,–

**Tipps und Tapps** Maschinenschreib-Fibel für Kinder. (0274) Von Hanns Kaus, 48 S., farbige Abbildungen, kartoniert. — DM/Fr 5.80 / S 49,–

# Rat und Wissen für die ganze Familie

**Advent und Weihnachten** Basteln – Backen – Schmücken – Feiern. (4067) Von Margrit Gutta, Hanne Hangleiter, Felicitas Buttig, Ingeborg Rathmann, Gabriele Vocke, 152 S., 15 Farbtafeln, zahlreiche Abbildungen, kartoniert. — DM/Fr 12.80 / S 98,–

**Alterssicherung** Vorsorge mit Maß. Renten-Versicherungen – Geld und Wertanlagen. (0532) Von Johannes Beuthner, 224 S., kartoniert. — DM/Fr 16.80 / S 134,–

**Die neue Lebenshilfe Biorhythmik** Höhen und Tiefen der persönlichen Lebenskurven vorausberechnen und danach handeln. (0458) Von Walter A. Appel, 157 S., 63 Zeichnungen, Pappband. — DM/Fr 9.80 / S 78,–

**So deutet man Träume** Die Bildersprache des Unbewußten. (0444) Von Georg Haddenbach, 160 S., Pappband. — DM/Fr 9.80 / S 78,–

**Sexualberatung** (0402) Von Dr. Marianne Röhl, 168 S., 8 Farbtafeln, 17 Zeichnungen, kartoniert. — DM/Fr 19.80 / S 158,–

**Umgangsformen heute** Die Empfehlungen des Fachausschusses für Umgangsformen. (4015) 312 S., 167 s/w-Fotos und 44 Abbildungen, kartoniert. — DM/Fr 24,– / S 192,–

**Vorbereitung auf die Geburt** Schwangerschaftsgymnastik, Atmung, Rückbildungsgymnastik. (0251) Von Sabine Buchholz, 112 S., 98 s/w-Fotos, kartoniert. — DM/Fr 6.80 / S 55,–

**Das Babybuch** Pflege · Ernährung · Entwicklung. (0531) Von Annelore Burkert, 136 S., 8 Farbtafeln, zahlreiche s/w-Fotos, kartoniert. — DM/Fr 12.80 / S 98,–

**Wenn Sie ein Kind bekommen** (4003) Von Ursula Klamroth, 240 S., 86 s/w-Fotos, 30 Zeichnungen, gebunden. — DM/Fr 19.80 / S 158,–

**Babys lernen schwimmen** (0497) Von Jean Fouace, 96 S., 46 Abbildungen, kartoniert. — DM/Fr 9.80 / S 78,–

**Scheidung und Unterhalt** nach dem neuen Eherecht. (0403) Von Rechtsanwalt H.T. Drewes, 109 S., mit Kosten- und Unterhaltstabellen, kartoniert. — DM/Fr 7.80 / S 65,–

**Mietrecht** Leitfaden für Mieter und Vermieter. (0479) Von Johannes Beuthner, 196 S., kartoniert. — DM/Fr 12.80 / S 98,–

**Arbeitsrecht** Praktischer Ratgeber für Arbeitnehmer und Arbeitgeber. (0594) Von Johannes Beuthner, ca. 192 S., kartoniert. — DM/Fr 16.80 / S 134,–